AF389797

L'INFLUENCE

DES

ÉTATS-UNIS D'AMÉRIQUE

SUR

BRISSOT, CONDORCET ET Mme ROLAND

SOCIÉTÉ DE L'HISTOIRE DE LA RÉVOLUTION FRANÇAISE

L'INFLUENCE

DES

ÉTATS-UNIS D'AMÉRIQUE

SUR

BRISSOT, CONDORCET ET Mme ROLAND

PAR

Lucy M. GIDNEY

A. B. UNIVERSITY OF CALIFORNIA
DOCTEUR DE L'UNIVERSITÉ DE PARIS

PARIS, AUX ÉDITIONS RIEDER
7, PLACE SAINT-SULPICE, 7
1930

A mon père et à ma mère.

L'INFLUENCE

DES

ÉTATS-UNIS D'AMÉRIQUE

SUR

BRISSOT, CONDORCET ET Mme ROLAND

AVANT-PROPOS

L'histoire des rapports entre la France et les États-Unis est d'un intérêt constant non seulement pour les initiés mais encore pour le grand public. Malgré les nombreux ouvrages qui ont été publiés sur ces deux pays, nous voyons partout un manque total de vraie compréhension du rôle joué par chacun d'eux dans l'histoire de l'autre. Il nous a paru que si nous voulions arriver à une solution de nos problèmes internationaux, il est indispensable d'être mieux renseignés mutuellement. C'est pourquoi une étude qui peut aider à dissiper un peu les nuages venus de l'ignorance, qui peut aussi projeter sur des faits déjà connus une lumière nouvelle, ne sera peut-être pas jugée inutile. Nous avons donc entrepris d'examiner l'influence qu'ont eue les États-Unis sur les principaux Girondins avec le vif désir de découvrir un peu de vérité et de mieux connaître notre passé commun.

Au cours de notre travail et de nos recherches, nous avons

partout rencontré une aide tellement généreuse et bienveillante que nous tenons à remercier ici tous ceux qui ont bien voulu faciliter notre tâche.

Cette dette de reconnaissance, nous la devons d'abord au regretté Henry Morse Stephens, Professeur d'Histoire à l'Université de Californie, qui inspira en nous l'amour de l'Histoire et surtout un intérêt profond pour la Révolution française. Nous voudrions ensuite remercier M. Lévy-Schneider, Professeur d'Histoire à l'Université de Lyon, dont les très généreux conseils nous ont décidée à entreprendre cet ouvrage. Mais surtout nous avons une gratitude particulière envers M. Philippe Sagnac, Professeur de l'Histoire de la Révolution à la Sorbonne, qui nous a fait l'honneur de diriger nos recherches par des indications précieuses. C'est auprès du grand érudit qu'est M. Sagnac que nous avons trouvé une inspiration et un appui moral qui ne nous ont jamais manqué.

Nos respectueux remerciements vont encore à M. Pierre Caron, des Archives Nationales, et à M. Marcel Bouteron, de la bibliothèque de l'Institut, qui nous ont reçue avec une amabilité des plus encourageantes, et nous ont rendu tous les bons offices en leur pouvoir.

Nous tenons enfin à mentionner MM. les bibliothécaires de la Bibliothèque Nationale, de la Bibliothèque de la Sorbonne, de celle de l'Université de Lyon, ainsi que des bibliothèques Sainte-Geneviève, Mazarine et de la Ville de Paris, car sans eux nous n'aurions pu mener à bien nos recherches.

L. M. G.

Paris, septembre 1930.

INTRODUCTION

« Oh Franklin, Washington, grands compagnons de gloire
Oh vous, à qui la Grèce eût dressé des autels ;
Vous à qui la sévère histoire
Paîra des tributs immortels,
Je ne m'enivre point d'un espoir chimérique ;
La liberté qui luit aux champs de l'Amérique
Éclaira, près de vous, les regards des Français ;
Et bientôt des récits fidèles
Vont annoncer à nos modèles
Les fruits de leur exemple et nos heureux succès. »

André CHÉNIER (1).

Le poète a prédit juste : l'exemple de ces deux Américains célèbres a servi de modèle à leurs émules d'au delà des mers. Brissot de Warville répète l'idée de Chénier en affirmant que « la Révolution américaine a enfanté la Révolution française : celle-ci sera le foyer sacré d'où partira l'étincelle qui embrasera les nations, dont les maîtres oseront l'approcher » (2). Non seulement les contemporains de Brissot, mais aussi nos historiens modernes, ont reconnu que le gouvernement qui venait de se former aux États-Unis comme résultat de la guerre d'indépendance fournit bien des précédents au nouveau gouvernement qui s'éleva en France sur les débris de l'Ancien Régime (3). L'importance de cette influence américaine est

---

(1) Cité par Brissot dans *Le Patriote français*, 3 septembre 1789.
(2) Aulard, *Société des Jacobins*, t. II, p. 622.
(3) *Chronique de Paris*, 16 mai 1791 ; Bourne, *American Constitution-*

plus difficile à constater puisqu'il y a toujours une multiplicité d'influences en action et, d'ailleurs, plusieurs individus peuvent avoir les mêmes idées simultanément sans avoir de rapport l'un avec l'autre.

Il serait intéressant d'étudier l'influence des idées et des principes américains sur tous les chefs du mouvement révolutionnaire en France, mais cela dépasserait les limites de notre travail puisque nous nous sommes bornée, dans notre tâche actuelle, aux trois chefs du parti girondin, ceux qui ont, en une large mesure, dirigé sa politique de 1789-1792, Brissot de Warville, le marquis de Condorcet et Mme Roland.

On se demandera peut-être pourquoi nous avons choisi ces grands protagonistes du drame révolutionnaire plutôt que d'autres. On pourrait même dire que ces chefs girondins n'étaient ni des chefs, ni des Girondins, qu'ils ont oscillé entre les Feuillants, les Jacobins, les Montagnards et les Girondins, que Condorcet surtout était un indépendant (1) et que tous les trois ne furent pas toujours d'accord quand il s'agissait des moyens propres à assurer le succès de la Révolution. Nous répondrons que malgré les différences de caractère et de personnalité, et même de politique, ils possédaient en commun beaucoup d'idées et de principes démocratiques et républicains ; qu'ils étaient fortement liés par leurs rapports personnels, qu'ils ont guidé la Révolution au début, et surtout, ce qui est plus important pour notre étude, qu'ils avaient tous une grande admiration pour les États-Unis et ont subi l'influence des idées américaines. Comme ce sont des personnages de premier ordre, déjà bien connus dans l'Histoire, nous ne prétendons pas offrir du nouveau sur leur vie et sur leur œuvre.

---

al *Precedents in the French National Assembly*, dans *Am. Hist. Review*, avril 1903, t. VIII, p 466-486 ; Sagnac, *L'influence américaine sur la Révolution française*, dans la *Revue des Études napoléoniennes*, janvier et février 1924 ; Esmein, *Gouverneur Morris un témoin américain de la Révolution française*. Esmein dit à la page 74 : « Dans une assez large mesure, la Révolution d'Amérique prépara et orienta à ses débuts la Révolution française. »

(1) Alengry, *Condorcet, guide de la Révolution française*, p. 313, 315, 316 ; Aulard, *Histoire politique*, p. 395, 411, et *Les Orateurs*, p. 273 ; Condorcet, *Œuvres*, t. XII, p. 566 et 567.

Cependant, on n'a pas encore traité spécialement de l'influence qu'ont exercée les États-Unis sur leur pensée, sauf çà et là dans des livres embrassant une quantité d'autres sujets. Par exemple Miss Ellery, dans son ouvrage sur *Brissot de Warville*, rappelle de temps à autre les cas où Brissot s'inspira des précédents américains. M. Bernard Faÿ, dans son étude intéressante sur *L'Esprit révolutionnaire en France et aux États-Unis à la fin du* XVIIIᵉ *siècle*, a méconnu Brissot et Mᵐᵉ Roland, à notre avis. Il amoindrit l'œuvre accomplie par Brissot qui, certainement, contribua à établir de bons rapports entre la France et l'Amérique. Condorcet méritait aussi plus d'attention. M. Léon Cahen, en nous présentant Condorcet comme guide de la Révolution, n'insiste pas sur l'influence exercée sur lui par l'Amérique.

Bref, tout n'a pas été dit sur ce sujet et, surtout en traitant de ces trois révolutionnaires parallèlement, nous espérons faire une étude assez originale.

Comme nous l'avons dit, Brissot, Condorcet et Mᵐᵉ Roland étaient liés d'amitié ; cette amitié est d'ailleurs bien établie par les documents de l'époque et nous en rappellerons ici simplement les épisodes principaux.

Brissot connaissait Mᵐᵉ Roland, du moins par correspondance, depuis 1787 quand il lut le *Dictionnaire des manufactures* de Roland et lui envoya une copie du livre qu'il venait de publier avec Clavière, *De la France et des États-Unis* (1). Ils se voyaient inspirés des mêmes principes de justice et de liberté et une correspondance s'ensuivit qui dura quatre ans sans qu'ils se vissent. Mᵐᵉ Roland admirait le journal de Brissot, *Le Patriote français* ; elle y collaborait parfois et lui cherchait des abonnés (2).

---

(1) Mᵐᵉ Roland, *Lettres*, éd. Perroud, t. II, p. 55 et note, 61, 64 et note, 77, 78, 95, 114 ; nouv. série, t. II, p. 54, 56, 57, 511 et note ; Mᵐᵉ Roland, *Mémoires*, éd. Perroud, t. I, p. 60, 61, 191, 192 (Pour les *Lettres* et les *Mémoires* de Mᵐᵉ Roland, c'est toujours sur l'édition Perroud que nous nous basons).

(2) Sur les rapports entre Mᵐᵉ Roland et Brissot, voir : Mᵐᵉ Roland, *Lettres*, t. II, App. P, p. 729 ; Mᵐᵉ Roland, *Mémoires*, t. I, p. 56, 67, 68, 243, et *Lettres*, t. II, p. 527 ; *Patriote fr.*, 25 février 1790.

Après que les Roland se furent installés à Paris en 1791, Brissot faisait souvent partie du petit groupe qui se réunissait chez Mme Roland quatre fois par semaine (1). Ce fut Brissot qui lui proposa définitivement pour son mari le ministère de l'Intérieur, et ce fut sur sa demande que Roland fut rappelé au ministère après le 10 août (2). Ils faisaient maints projets ensemble et restèrent bons amis jusqu'à la mort.

Mme Roland admirait aussi les écrits de Condorcet mais elle ne l'a pas connu personnellement avant le mois de juillet 1791. L'admiration était réciproque. La *Chronique de Paris* contient beaucoup d'éloges d'elle et de son mari, et surtout de la lettre au roi écrite par elle et lue dans la séance de l'Assemblée du 13 juin 1792. Condorcet, dans la pensée que Roland en était l'auteur, a dit : « Il lui parle le plus pur langage de la probité, du patriotisme et de la raison » (3).

Brissot nous dit qu'il reçut des marques d'intérêt de Condorcet pendant sa captivité à la Bastille et qu'il eut ensuite « d'honorables rapports » avec lui. Il regardait le « philosophe patriote » comme « honnête homme et écrivain célèbre ». Ils se rencontraient souvent chez Pétion, et aussi à la *Société des Amis de la Constitution* à la *Société des Amis des Noirs,* dans leur travail pour le *Républicain*, à la Commune, à l'Assemblée législative et à la Convention.

Condorcet, à son tour, considérait Brissot comme un bon citoyen, « un véritable ami de la liberté, un ennemi de tous les partis qui se formaient contre elle ». Aux jours angoissants

(1) Mme Roland, *Mémoires*, t. I, p. 63.
(2) Sur l'influence de Brissot dans le ministère, voir : Mme Roland, *Lettres*, t. II, p. 398, 734 et note ; Mme Roland, *Mémoires*, t. I, p. 67, 243 ; *Patriote fr.,* 11 août 1792 ; Desmoulins, *Fragment de l'histoire secrète de la Révolution*, appelé plus tard *Histoire des Brissotins* (cité par Ellery dans *Brissot de Warville*, p. 292, 337) ; Dumont, *Souvenirs sur Mirabeau*, p. 404 ; Brissot, *Correspondance*, éd. Perroud, p. 293 (Pour la *Correspondance* et *Mémoires* de Brissot, c'est toujours sur l'édition Perroud que nous nous basons) ; Gœtz-Bernstein, *La Diplomatie de la Gironde*, p. 173 et note ; Aulard, *La Société des Jacobins*, t. IV, p. 672.
(3) Sur les rapports de Mme Roland avec Condorcet, voir Cahen, *Condorcet et la Révolution française*, p. 265 ; Mme Roland, *Lettres*, t. II, p. 316 ; *Chronique de Paris*, 16 juin 1792 (Lettre au roi par le ministre de l'Intérieur, écrite le 10 juin 1792, signée Roland).

de la Convention, Condorcet s'éloigna de Brissot et de Mme Roland mais, jusqu'au mois de septembre 1792 au moins, ils conservèrent confiance et respect les uns pour les autres (1).

Ce qui est important pour notre étude, c'est le fait que tous trois admiraient les États-Unis sans réserve. C'était vers l'Amérique que tous les trois s'étaient tournés pour observer l'application pratique des théories qu'ils puisaient dans les œuvres des grands philosophes et des encyclopédistes. Le gouvernement américain, quoiqu'il fût loin d'être aussi démocratique qu'il l'est aujourd'hui, présentait néanmoins à cette époque-là l'exemple le plus moderne d'une démocratie.

Nous montrerons, d'après leurs écrits et leurs actes, quelle importance ils ont donnée aux précédents américains et en même temps nous essayerons de dégager comment cette influence américaine, en passant par ces chefs, a eu son effet sur le parti girondin, et grâce à lui sur la Révolution française tout entière.

(1) Sur les rapports de Condorcet avec Brissot, voir Cahen, *op. cit.*, p. 250, 455 ; Lettre à l'avocat Viellard, Archives nationales A à 1508 ; Aulard, *La Société des Jacobins*, t. IV, p. 379 ; Brissot, *Mémoires*, t. II, p. 10 : *Patriote fr.*, 16 avril et 10 décembre 1791 ; Aulard, *Société des Jacobins*, t. IV, p. 518-519.

CHAPITRE I

ORIGINE DE L'INFLUENCE AMÉRICAINE
SUR BRISSOT, CONDORCET ET Mme ROLAND

I. — Leurs lectures.

Il est intéressant de savoir comment, il y a cent cinquante
ans, dans les jours qui ont précédé les grandes inventions du
bateau à vapeur et de la télégraphie, les idées et les actes
d'un peuple bien éloigné de la France ont pu influencer les
Français. Par quels moyens Brissot de Warville, le marquis
de Condorcet et Mme Roland ont-ils pu se documenter sur
l'Amérique avec une précision telle qu'ils pussent toujours
avoir sous les yeux assez de faits pour servir d'exemple à
leur œuvre révolutionnaire en France ? Ils avaient à vrai dire
bien des moyens de connaître l'Amérique pour ne parler que
des nombreux ouvrages, journaux, correspondances qui traitaient de l'Amérique et de ses habitants, des Américains qui
séjournaient alors à Paris, des soldats français qui rentraient
de la guerre d'Indépendance, et enfin — et notamment pour
Brissot — du contact avec le pays même.

Pendant la guerre de l'Indépendance et surtout après
l'entrée de la France dans cette guerre, il était très à la mode
de se documenter sur ces simples fermiers qui combattaient
vaillamment pour leur liberté et on publiait beaucoup de
livres sur la géographie, le commerce, les mœurs des habitants et le gouvernement de chacun des treize États.

Quelques-uns de ces livres étaient de source sûre, d'autres l'étaient moins, mais tous parvenaient à créer en France un grand intérêt pour la jeune Amérique. Assoiffés de liberté, nos trois révolutionnaires étaient d'avides lecteurs et ils citent et analysent beaucoup de ces livres de voyages.

Brissot surtout fut impressionné par deux livres, *Lettres d'un fermier américain* (publié en 1782 et 1784) par St. John de Crèvecœur et les *Voyages dans l'Amérique septentrionale*, publié en 1789 par le marquis de Chastellux (1). Il se trouva d'accord avec le premier qui professait la haine de l'esclavage, l'estime des Quakers et l'admiration pour leur idéal de tolérance religieuse, mais il trouva dans l'autre des idées trop aristocratiques et un mépris des *Friends*. Le livre de Pierre Poivre, *Voyages d'un philosophe* (2), publié à Yverdun en 1768, lui causa « le plus vif plaisir » par ses observations sur les mœurs et les arts des peuples de l'Amérique. Mme Roland lut aussi l'œuvre de ce voyageur naturaliste, natif des environs de Lyon (3). Nous pouvons croire aussi qu'elle a lu l'*Extrait du Journal de mes Voyages* de Claude Pahin de la Blancherie, puisqu'il avait été vers 1773-1776 le premier à s'éprendre d'elle (4). D'autres livres de voyage étaient à la disposition de nos Girondins, par exemple, le *Voyage dans les États-Unis de l'Amérique fait en 1784 par M. Smith*, traduit de l'anglais, et dont la *Chronique de Paris* donne une petite analyse (5).

Mais, ce qu'il est plus important de noter à notre point de vue, c'est leur documentation sur la Révolution en Amérique

---

(1) Brissot, *Mémoires*, t. II, p. 46 et 48. Le marquis de Chastellux avait servi en Amérique sous Rochambeau; Crèvecœur y était comme planteur en 1754.

(2) Brissot, *Mémoires*, t. I, p. 256.

(3) Mme Roland, *Lettres*, t. II, p. 46 et 49.

(4) Brissot, *Mémoires*, t. I, p. 192 ; *Extrait du Journal de mes Voyages* ou *Histoire d'un jeune homme, pour servir d'école aux pères et mères*, Paris, 1775, 2 vol. in-12.

(5) *Chronique de Paris*, 11 mai 1791 : Ce livre contient « une description de sa situation présente, de sa population, agriculture, commerce, costumes et mœurs de ses habitants, des nations indiennes, et des principales villes et rivières, avec quelques anecdotes sur plusieurs membres du Congrès et officiers généraux de l'armée américaine ».

et sur la politique du nouveau pays. Ils ont tous suivi cette guerre avec beaucoup d'intérêt. Dès le commencement de la lutte, Mme Roland manifestait sa joie d'avoir des nouvelles d'Amérique et elle formulait d'intelligentes appréciations sur la conduite de la guerre (1). Elle écrivait à Sophie Cannet en 1777 : « Je suis bien aise de penser comme toi sur l'importance de cette révolution ; je la vois avec intérêt, et je souhaite la liberté de l'Amérique comme une juste vengeance du droit naturel violé de tant de manières dans ce continent malheureux et si peu fait pour l'être » (2). Ils étaient tous tenus au courant de la guerre par *Le Courrier de l'Europe* que Latour avait fondé en juillet 1776 (3). Brissot était d'avis que cette feuille, pour laquelle il écrivait de temps en temps, avait contribué énormément au succès des Américains et par suite à la Révolution française et qu'on devait lui attribuer une grande valeur historique à cause des pièces authentiques qu'elle contenait.

Condorcet qui, comme concurrent au prix de Lyon, venait de déclarer que la découverte de l'Amérique avait été un malheur, s'occupait maintenant de prouver que la Révolution de 1776 y fut un remède (4). Dans son opuscule intitulé *Sur l'influence de la Révolution d'Amérique sur l'Europe* et ailleurs, il appuie sur le bien qu'elle a fait non seulement en France, mais aussi en Irlande et même en Angleterre. « Croit-on », dit-il, « que cette guerre qui a forcé l'Europe de s'occuper pendant plusieurs années des principes politiques des Américains, des arguments employés à défendre leur cause, n'ait pas servi à répandre ces principes, à les porter dans des provinces reculées, chez des peuples où ils n'auraient point pénétré? » (5).

En effet la guerre a attiré l'attention des Français sur les

<hr>

(1) Mme Roland, *Lettres*, nouv. série, t. I, p. 358, 380, 381, 405 et 406; t. II, p. 88 et 133; Mme Roland, *Lettres*, t. I, p. 70.

(2) Mme Roland, *Lettres*, nouv. série, t. II, p. 144.

(3) Brissot, *Mémoires*, t. I, p. 305, 309.

(4) Faÿ, *L'Esprit révolutionnaire en France et aux Etats-Unis à la fin du* XVIIIe *siècle*, p. 130.

(5) Condorcet, *Œuvres*, t. VIII, p. 3-113 et t. X, p. 438.

Constitutions américaines, traduites dès 1778 (1). Brissot parle de la traduction des Constitutions des treize États-Unis de l'Amérique que le duc de La Rochefoucauld avait publiée en 1783 (2); et, d'après John Adams, Condorcet était un de ceux qui « raffolaient » de la Constitution de Pennsylvanie (3); il avait aussi ajouté des notes à la traduction des observations démocratiques de William Livingston sur l'ouvrage d'Adams, *Défense des Constitutions américaines* dont Brissot possédait un exemplaire (4). C'est Condorcet encore qui, avec sa femme, traduisit et publia avec commentaires la Constitution de 1787 (5). Pendant la formation du gouvernement aux États-Unis, *Le Fédéraliste* de Hamilton, Adams et Jay était très répandu et Brissot et Condorcet l'ont lu soigneusement dès ses débuts en 1787 (6). En outre, Condorcet était

---

(1) *Recueil des lois constitutives des colonies anglaises confédérées sous la dénomination d'Etats-Unis de l'Amérique septentrionale, auquel on a joint les actes d'Indépendance, de Confédération et d'autres actes du Congrès général*, traduit de l'anglais, dédié à M. le Dr Franklin, à Philadelphie, et se vend à Paris, rue Dauphine, chez Cellot et Joubert fils jeune, libraires, la seconde porte cochère à droite au fond de la cour, 1778.

(2) Brissot, *Mémoires*, t. II, p. 104 et note et *Patriote fr.*, 21 mai 1790.

(3) Conway, *Thomas Paine et la Révolution dans les deux mondes*, p. 187 et note.

(4) *Patriote fr.*, 9 et 25 octobre 1790.

(5) Condorcet a publié la Constitution de 1787 à la suite de l'opuscule intitulé : *Sur l'influence de la Révolution d'Amérique sur l'Europe*, t. VIII, p. 3-67 et suiv., traduction exacte, p. 67-92, et un commentaire suivi, article par article, p. 92-113. Constitutions et débats qu'on pouvait connaitre à Paris à cette époque : A. *Les Constitutions des principaux Etats de l'Europe et des Etats-Unis de l'Amérique*, publiées par de la Croix, chez Buisson. Un extrait de cet ouvrage se trouve dans la *Bibliothèque de l'homme public*, t. III. B. Constitution française, Grande Charte d'Angleterre, Déclaration des droits des différents Etats anglo-américains, Constitution des Etats-Unis, précis sur la Révolution américaine. Chez Dubosquet. C. La Constitution des Etats-Unis d'Amérique avec les actes passés en 1789. Observations sur le commerce des Etats-Unis d'Amérique, par Jean Lond Sheffield. Chez Royez. D. Discussions importantes débattues au Parlement d'Angleterre, par les plus célèbres orateurs depuis trente ans. Guerre d'Amérique, lettres du Congrès, de Washington, La Fayette, Franklin, etc. Chez Perlet. (*Chronique de Paris*, 12 novembre 1790, 8 août, 23 septembre, 12 et 21 octobre 1791).

(6) Brissot, *Mémoires*, t. II, p. 194. Une traduction du *Fédéraliste* a paru à Paris dès 1792.

membre de l'Académie de Philadelphie depuis 1786, et comme il y avait un échange constant de livres entre les Académies françaises et américaines, il pouvait profiter des meilleurs ouvrages qui paraissaient dans la jeune démocratie (1).

C'est le *Common Sense*, de Thomas Paine, paru en 1776 et traduit en français par Lanthenas en 1792, qui eut la plus grande influence sur Brissot, Condorcet et Mme Roland.

Brissot parle souvent de cet « écrit où triomphe la raison, où respirent l'énergie, la dignité de l'homme ». D'après lui, ce pamphlet qui s'était répandu dans les colonies anglaises parmi toutes les classes de la société, et avait été reproduit par les gazettes, eut une grande part dans le développement de l'indépendance des États-Unis (2). « Il forme », dit-il, « en quelque sorte, l'introduction des *Droits de l'homme* du même auteur et ne saurait être trop médité par tous les amis de la liberté et des vrais principes (3) ». *The Crisis* qui a donné tant de courage aux soldats américains, et *The Rights of Man* dont 120.000 exemplaires furent vendus presque tout de suite (4) étaient bien connus de nos révolutionnaires, et nous verrons, dans le cours de notre étude, combien les idées qui se trouvaient dans ces pamphlets furent partagées par eux.

Il est important de noter le grand avantage qui résultait pour Brissot, pour Condorcet et pour Mme Roland de leur connaissance de l'anglais : leur capacité d'entrer ainsi directement en contact avec les textes originaux profitait à la fois à la précocité et à l'exactitude de leurs idées. Brissot se félicite d'avoir continué à étudier l'anglais, car, dit-il, « cette étude a décidé du sort de ma vie » (5). Condorcet lisait et écrivait l'anglais, mais pas aussi bien que sa femme qui se fit son interprète auprès de Paine (6). Mme Roland connaissait très bien cette langue, bien qu'elle l'eût apprise sans maître et n'eût

---

(1) Faÿ, *op. cit.*, p. 143.
(2) Brissot, *Mémoires*, t. II, p. 81 et 179.
(3) *Patriote fr.*, 10 octobre 1791.
(4) *Time*, vol. VI, 14 décembre 1925.
(5) Brissot. *Mémoires*, t. I, p. 48.
(6) Alengry, *op. cit.*, p. 199, 203, 822, 823 ; Conway, *op. cit.*, p. 266.

passé qu'un mois à Londres. L'admiration qu'elle éprouvait à l'égard de l'Amérique lui suggéra pour continuer à se perfectionner un motif judicieux : « les relations des États-Unis, les avantages de leur constitution, de leur commerce, etc., répandront dans toutes les parties du monde le besoin d'apprendre leur langue » (1).

Nous ne prétendons pas que Brissot, Condorcet et Mme Roland aient modelé leurs opinions démocratiques entièrement sur celles du Nouveau Monde. Ils étaient aussi nourris des grands philosophes européens que tous les gens éclairés de cette époque. Ils trouvaient dans le *Contrat Social* de Rousseau leur Bible politique ; ceci est vrai surtout de Mme Roland et de Brissot (2). Condorcet plus que les autres était influencé par Montesquieu et Voltaire ; au reste, l'économiste Turgot et l'encyclopédiste d'Alembert étaient ses amis.

Tous trois ont lu Raynal et Mably qui ont indiqué le chemin d'une Révolution, aussi bien que Beccaria et Filangieri qui ont préparé les réformes sociales (3).

(1) Mme Roland, *Lettres*, t. II, p. 46. Lettre à M. Fenille à Bourg, 21 mars 1789 de Lyon. Pour la connaissance qu'avait de l'anglais, Mme Roland voir ses *Lettres*. De 1781 à 1784 elles sont pleines de ses études anglaises et des livres qu'elle traduisait. Hors de ses lectures des œuvres littéraires comme celles de Milton, Thomson, Pope, Dryden, Congreve, Rochester, Winckelmann, elle a lu aussi les philosophes anglais, Locke et Newton, l'historienne Mme Macaulay (*L'Histoire d'Angleterre depuis l'avénement des Stuarts au trône jusqu'à la Révolution*) qu'elle a beaucoup admirée et chez qui elle a pris la haine des rois ; Mme Roland, *Lettres*, t. I, p. 33, 70, 71, 146, 222, 307, 343, 370, 668, 682 ; t. II, p. 45, 49, 191. *Lettres*, nouv. série, t. I, p. 88 et 384. Brissot admirait également Mme Macaulay qu'il avait connue à Londres, peut-être pour son attachement à la cause des Américains et parce qu'elle détestait les rois (Brissot, *Mémoires*, t. I. p. 353 ; *Patriote fr.*, 11 octobre 1791). Mme Roland a lu aussi les œuvres de David Williams ainsi que l'a fait Condorcet (Mme Roland, *Lettres*, t. II, p. 204 ; Condorcet, *Œuvres*, t. X, p. 123).

(2) Mme Roland, *Lettres*, nouv. série, t. I, p. 151, 155, 160, 161, 167, 168 et 360 ; t. II, p. 261 et 341 ; Brissot, *Mémoires*, t. I, p. 38, 145, 147 ; t. II, p. 391.

(3) *Patriote fr.*, 3 décembre 1790 ; Brissot, *Corresp.*, p. 3 ; Aulard, *Les Orateurs de la Législative*, t. I, p. 223, 227 et 228 ; Condorcet, *Œuvres*, t. VII, p. 27 et 59 ; *Chronique de Paris*, 8 mai 1793 ; Mme Roland, *Lettres*, nouv. série, t. I, p. 243, 244 et 360. Mme Roland a lu aussi de Paw, *Recherches philosophiques sur les Américains*. (*Lettres*, nouv. série, t. I, p. 381, 450, 456 et 459).

De plus, au courant des livres des grands philosophes anglais, Milton, Locke, Sidney, Hume, Priestley, Price, Newham, qui tous ont préparé les réformes de la Révolution (1), pénétrés des classiques tels que Aristote, Plutarque, Sénèque, Epictète, Marc-Aurèle [leurs œuvres l'attestent à chaque page] (2), leurs idées pouvaient être influencées par tout ce qu'ils avaient lu, sans qu'on puisse dire avec précision à qui ils sont redevables de tel ou tel point de leur doctrine; du reste, chacun arrive à ses opinions en réagissant à sa façon sur tout ce qu'il a lu ou entendu.

Enfin, grâce aux philosophes, et à leur propre indépendance d'esprit, nos révolutionnaires avaient déjà pour idéal la souveraineté du peuple, et ils en concevaient une sympathie profonde pour un gouvernement démocratique; ils voyaient en Amérique la réalisation de cet idéal qu'ils espéraient être un jour celui de la France. C'est donc dans l'application pratique de leurs idées et de leur politique, plutôt que dans l'origine de ces idées, que l'influence de l'Amérique se fait sentir.

II. — **Leurs relations américaines et françaises en France.**

D'ailleurs, outre les lectures, les rencontres qu'ils firent, celles de Thomas Paine et de Benjamin Franklin notamment, aidèrent à l'élaboration de leurs idées sur l'Amérique.

Condorcet vit Paine chez Mme Helvétius à Passy, et à la *Loge des Neuf Sœurs* en 1787 (3); Paine ne parlant pas français, il lui servit d'interprète et de traducteur (4). Ils furent très liés pendant toute la Révolution, et surtout en 1792 et 1793 quand ils travaillèrent ensemble au projet de la Constitution girondine (5); c'est avec l'aide de Paine et du

(1) *Chronique de Paris*, 19 mars et 28 avril 1790. Voir aussi *Bibliothèque de l'homme public* par Condorcet *et als.*, t. I et II.

(2) Condorcet. *Œuvres*, t. XI, p. 95, 106, 309; *Patriote fr.*, 3 décembre 1790.

(3) Dumont, *Souvenirs sur Mirabeau*, p. 319. Pour les détails sur cette confrérie des francs-maçons, voir Faÿ, *op. cit.*, p. 98.

(4) Conway, *op. cit.*, p. 190-192.

(5) Cahen, *op. cit.*, p. 467-471, et Alengry, *op. cit.*, p. 203.

jeune Du Châtelet, vétéran de la guerre américaine, que Condorcet a fondé en 1791 un journal, *Le Républicain ou le Défenseur du Gouvernement représentatif, par une société de républicains.* Il est certain qu'ils avaient beaucoup d'idées en commun ; on va jusqu'à dire que connaître les idées de l'un, c'est connaître les idées de l'autre. On admet que bien que Condorcet fût imbu des théories constitutionnelles américaines dès avant son amitié avec Paine, leurs conversations en avivèrent en lui le goût (1).

Brissot, membre lui aussi de la « Loge des Neuf Sœurs », connaissait Paine et l'admirait beaucoup. Il fut heureux d'imprimer la lettre du 25 septembre 1792, dans laquelle Paine offrait, ses services aux Français dans leur lutte pour la liberté (2). Mme Roland recevait Paine et admirait son style ; elle estimait, d'ailleurs, en lui le propagandiste beaucoup plus que le politique (3).

Franklin qui était universellement connu à Paris, surtout dans les loges maçonniques, fut de bonne heure un ami de Condorcet. L'*Eloge de M. Franklin,* lu par lui à la séance publique de l'Académie des Sciences le 13 novembre 1790, est, d'après le rapporteur, celui « où le génie de Franklin est le plus approfondi ; où ses principes, ses actions, sont pesés avec le plus de précision et de justice » (4). Brissot partage cette admiration pour le philosophe et parle souvent de lui dans ses discours, dans son journal et dans son *Nouveau Voyage dans les États-Unis* (5). Franklin représentait, pour lui « génie, simplicité, bonté, tolérance, modestie, ardeur infatigable pour le travail, amour du peuple » (6), et il le regardait comme l'apôtre de l'indépendance américaine (7). Ces deux

---

(1) Alengry, *op. cit.*, p. 102, 104, 199-200, 822-823.

(2) *Patriote fr.*, 15 octobre 1792.

(3) Mme Roland, *Mémoires*, t. I, p. 269.

(4) Condorcet, *Œuvres*, t. III, *Eloge de Franklin*; *Chronique de Paris*, 9 mars 1791.

(5) *Patriote fr.*, 28 février et 10 octobre 1791 ; Brissot, *Nouveau Voyage dans les Etats-Unis*, t. II, p. 312 ; Buchez et Roux, *op. cit.*, t. XIV, p. 139, Brissot à la Séance des Jacobins, séance du 23 avril 1792.

(6) Brissot, *Mémoires*, t. I, p. 141 ; *Patriote fr.*, 13 juin 1790.

(7) *Patriote fr.*, 23 août 1790 ; 31 janvier 1791.

illustres Américains n'étaient pas les seuls que connurent nos amis : John Paul Jones et Gouverneur Morris étaient aussi à Paris. Brissot et Condorcet eurent l'occasion de rencontrer John Paul Jones lorsqu'il rendit ses hommages à l'Assemblée législative (1), et *Le Patriote Français* nous apprend que Condorcet avait avec lui, après souper, des conversations sur les principes des économistes. Morris parle de Condorcet comme d'une de ses vieilles connaissances. Condorcet connaissait aussi Thomas Jefferson, ministre des États-Unis en France en 1785, qui vivait chez Mme d'Houdetot et était un habitué du salon de Mme Tessé (2).

En dehors de ces Américains célèbres, il n'est pas douteux que Condorcet, Brissot et Mme Roland aient eu l'occasion d'en rencontrer beaucoup à Paris; il y en avait assez pour donner une atmosphère américaine à certaines réunions; par exemple, un groupe se réunit le 14 juillet à l'hôtel de White, Passage des Petits-Pères, où seize toasts de ce genre-ci furent portés à la liberté de la France : « Puisse l'Amérique et la France être pour jamais unies et puissent-elles retenir le genre humain dans les liens d'un amour fraternel » (3).

N'oublions pas du reste un groupe de Français qui connaissaient très bien l'Amérique et qui pouvaient donner à Brissot, à Condorcet et à Mme Roland des renseignements précieux : Il faut mettre au premier rang La Fayette qui était leur ami, du moins au début de la Révolution. Puis Mme Roland était en relations avec des Français comme Gosse et Lanthenas, qui avait des relations de l'autre côté de l'Atlantique et parlait souvent de s'y rendre (4). Elle-même rêvait toujours d'aller dans les déserts de ce pays neuf, dans les solitudes de

---

(1) *Chronique de Paris*, 11 et 12 juillet 1790; *Patriote fr.*, 12 juillet 1790.

(2) Esmein, *Gouverneur Morris*, t. I, p. 372, 567 ; Chinard, *Jefferson et les Idéologues*, p. 4.

(3) *Chronique de Paris*, 20 juillet 1792.

(4) Mme Roland, *Lettres*, t. I, p. 486; à Bosc à Paris, 19 janvier 1785; Lanthenas à Bosc du 24 décembre 1784 (lettre inédite, collection Alf. Morrison, citée par Perroud, t. I, p. 531); lettre de Lanthenas à Roland, 16 septembre 1777, ms 6241; fol. 255-257 et App. L.

Pennsylvanie; même plus tard, dans sa prison, elle pensera à l'Amérique comme à un lieu d'asile éventuel pour elle, et en tout cas pour ses amis fugitifs (1).

III. — Le voyage de Brissot aux Etats-Unis.

I. — Ses buts.

Ce qui n'était pour Mme Roland qu'un rêve fut une réalité pour Brissot. Ce fait est important pour nous, car si nous avons constaté que les révolutionnaires pouvaient bien se documenter grâce à leurs lectures et à leurs connaissances, ce n'était là toutefois que documentation indirecte et peut-être partiale. C'est à Brissot que fut réservé le privilège de voir les théories démocratiques en application et d'en constater les effets bienfaisants sur le peuple américain lui-même ; il allait y chercher la vérité dont les autres devaient profiter à son retour. Puisqu'on a déjà raconté (2), et fort bien, ce voyage de Brissot, nous n'en rappellerons que les faits les plus importants.

L'occasion de se rendre aux États-Unis lui vint en 1788. Il y était envoyé pour développer les relations entre la France et l'Amérique (3). A vrai dire, il était aussi chargé d'obtenir des renseignements complets sur les terrains des territoires de l'ouest, afin d'en faire acheter à ses amis d'Europe (4). Il avait passé, avec Clavière, Théophile de Cazenove, et Pierre Stadinski, un contrat par lequel il devait partir le plus tôt possible pour les États-Unis, afin de s'informer de leurs conditions

---

(1) Mme Roland, *Lettres*, t. I, p. 182, à Roland à Paris, 4 janvier 1782, d'Amiens ; t. II, p. 507-509, à Buzot en Bretagne, 31 août 1793 de Sainte-Pélagie ; p. 80, à Bosc à Paris, 20 mars 1789 du Clos ; p. 527-530, à Jany à Paris. 3 octobre 1793 de Sainte-Pélagie.

(2) Ellery, *op. cit.*, passim.

(3) Brissot, *Corresp.*, p. 92-93. Brouillon d'un plan pour un voyage en Amérique.

(4) Daniel Parker écrit (en anglais) à Andrew Craigie, le 2 juin 1788 : « Comme il est un homme littéraire on ne le soupçonnera pas d'avoir l'intention d'acheter les fonds. » Voir Ellery *op. cit.*, App. B.

financières, de la dette du Congrès, de celles des États, et de
la possibilité du paiement de ces dettes en fonction des événements qui se déroulaient dans la jeune République. On lui
promit 10.000 livres pour ses frais de voyage et une commission sur les achats (1). Néanmoins, d'après Pétion, il ne
demanda que ses frais du voyage. Nous avons lieu de croire
que son contrat était loin d'être le seul mobile qui le poussait à
ce voyage : il désirait depuis longtemps étudier la condition
des noirs, et établir des rapports entre les Quakers et la
Société des Amis des Noirs, qu'il venait de fonder à Paris (2).
D'ailleurs, prévoyant l'imminence de la Révolution en France,
il voulait trouver en Amérique des directives pour cette révolution (3). Dans le cas où elle échouerait, il pensait s'y réfugier
avec sa famille et pour cela il était nécessaire de bien connaître
le pays (4). Enfin, comme beaucoup de ses compatriotes depuis
Joliette et Marquette, il était poussé par le goût des aventures ;
il espérait trouver là-bas la fortune et la gloire, il se considérait même comme pionnier courageux.

II. — Importance du voyage de Brissot.

Son séjour aux États-Unis fut de courte durée. Arrivé à
Boston le 24 juillet 1788, il était de retour en France le
3 décembre de la même année (5). Dans ces quatre mois
passés aux États-Unis, comment a-t-il pu se former des opinions, pour la plupart très justes, sur tant de détails de la vie
américaine et surtout sur le gouvernement de cette nouvelle

(1) Brissot, *Corresp.*, p. 179-181.
(2) Brissot, *Mémoires*, t. II, p. 74 et 368.
(3) Projet de défense, Brissot, *Mémoires*, t. II, p. 275.
(4) Brissot, *Réponse à tous les libellistes*, p. 25, et *Réplique de J.-P.
Brissot à Stanislas Clermont*, p. 9 (Citées par Ellery, *op. cit.*, p. 67-68);
Mme Roland, *Lettres*, t. II, App. 8733 de Brissot à Lanthenas. 18 septembre
1790 ; Brissot, *Corresp.*, p. 220-223.
(5) Lettre de Craigie à Parker le 27 juillet 1788. *Craigie Papers, Am.
Antiq. Society*. Worcester, Mass. (Citée par Ellery, *op. cit.*, p. 71);
Brissot, *Corresp.*, p. 90-93. Brissot à Calonne, un brouillon. le 4 avril
1786 ; Lettre de Craigie à Dupont, le 2 février 1789.

démocratie ? Simplement, parce qu'il était fort bien préparé pour profiter de son voyage et qu'il savait devoir beaucoup faire en très peu de temps.

Nous avons déjà parlé des avantages que lui procuraient sa connaissance de l'anglais et ses lectures. Ses nombreux écrits sur les États-Unis lui ont donné accès dans beaucoup de milieux américains. Son *Examen critique des voyages de M. de Chastellux* (1), dans lequel il réfute les préjugés de l'auteur, lui valut un accueil chaleureux parmi les Quakers et dans la Société des Noirs (2).

Dans sa *Bibliothèque philosophique sur les lois criminelles* il a introduit plusieurs documents politiques afin de « répandre les principes de la liberté qui guidaient les Anglais et les Américains » (3) ; son *Testament politique de l'Angleterre* (écrit en 1778, publié en 1779-1780) tendait surtout à inspirer aux Français le respect des principes américains (4).

Un traité plus important est celui qu'il a publié en 1787, *De la France et des États-Unis*, en collaboration avec Clavière (5), afin de développer les relations commerciales et politiques des deux nations (6). Il l'a fait parce qu'il trouvait que son pays était très ignorant de ces questions et que les livres déjà parus là-dessus étaient inexacts (7). Quoique cet ouvrage ait rencontré l'opposition du ministère qui, d'après Brissot, craignait de voir se développer « la philosophie du commerce et la prospérité d'un peuple libre », il fut bien reçu par les Américains ainsi que par les Anglais (8).

(1) Publié à Paris. 20 juillet 1786.
(2) Brissot, *Mémoires*, t. II, p. 46.
(3) *Ibid.*, t. I, p. 226 et *Patriote fr.*, 18 août 1791.
(4) Brissot, *Mémoires*, t. I, p. 137.
(5) Clavière a écrit la partie sur le commerce (Chapuisat, *Figures et Choses d'autrefois*, p. 68).
(6) Le vrai but était de présenter un si beau tableau de la prospérité future des Américains que les Français soient tentés d'imiter leur conduite et de regagner leur liberté (Brissot, *Mémoires*. t. II, p. 52).
(7) Dans sa préface (*De la France et des Etats-Unis*), il cite T. Paine : « Je remarquerai que je n'ai pas encore vu une description de l'Amérique, faite en Europe, sur la fidélité de laquelle on puisse compter ».
(8) Brissot, *Mémoires*, t. II, p. 52.

Il était tout naturel qu'après avoir écrit ces livres Brissot désirât aller vérifier en Amérique l'exactitude de ses données. Mais c'est justement là, a-t-on dit (1), qu'était la difficulté : aveuglé par son admiration profonde, Brissot n'a-t-il pas vu tout en rose même à cette époque critique où le gouvernement, non encore affermi, était aux prises avec la crise monétaire ainsi qu'avec les révoltes des Indiens ? Ses appréciations sur les Américains et leur gouvernement sont en effet presque toujours favorables. Toutefois il ne nous semble pas que cet optimisme puisse faire mettre en doute la vérité de ses assertions, car Brissot possédait à un haut degré les qualités d'observation et de perspicacité requises chez un sociologue. Avant de partir, il avait fait tout ce qu'il croyait nécessaire pour bien profiter de son voyage : il s'était documenté sur le pays, il avait fait un plan de recherches personnelles, bref son témoignage nous paraît entouré d'assez de garanties pour être tenu comme exact (2).

Pendant ce trop court séjour, Brissot parvint cependant à entrer en relations avec bon nombre d'Américains de marque ; il s'était, à cette fin, muni de lettres d'introduction auprès de Washington et de La Fayette (3), correspondant, dès avant son départ avec quelques hommes d'État célèbres (4), et par conséquent n'ayant aucune difficulté à faire leur connaissance en arrivant aux États-Unis. Il eut plusieurs entretiens avec le général Washington (5), qu'il admirait beaucoup et qu'il devait défendre plus tard contre les calomnies des républicains (6). Il rencontra John Adams, le général Hancock, gouverneur de Massachusetts, le général Heath, et il dîna avec James Madison et Schuyler ; il conversa avec Hamilton, Warner Mifflin, le colonel Duer, Griffin, Temple Franklin le

(1) Ellery, *op. cit.*, p. 68-70.

(2) Brissot, *Nouveau Voyage*, préface, t. I, p. i-xlviii, t. II, p. 21-30, 231-250.

(3) Brissot, *Corresp.*, p. 192.

(4) Charavay (catalogue de 1858) mentionne 65 lettres adressées par Brissot aux Américains (Ellery, *op. cit.*, p. 68-70).

(5) Brissot, *Mémoires*, t. II, p. 368.

(6) *Patriote fr.*, 31 décembre 1789.

petit-fils du célèbre Franklin, Myers Fisher et d'autres (1).

Bref, il a rencontré les hommes les plus aptes, par leurs efforts pour former un nouveau gouvernement, à le renseigner sur la jeune République d'outre-Océan. Il a vu leur gouvernement au travail, la politique américaine en pratique. D'ailleurs son itinéraire comprenait toutes les villes importantes entre Boston, New-York, Philadelphie, et Mt. Vernon (2) ; il a visité nombre d'établissements scolaires, religieux et philanthropiques et à Philadelphie les hôpitaux, les hospices, les prisons, les maisons de correction (3).

Il a noté toutes les manifestations de l'esprit démocratique, les voyages en diligence sans distinction de rang et, dans les auberges, la bonhomie familière qui régnait entre les hôtes et les voyageurs. La sécurité et la liberté des femmes furent aussi pour lui un indice de l'esprit nouveau (4). Il n'est donc pas étonnant que Brissot revînt en France avec une mine précieuse de renseignements qu'il ne tarda pas du reste à communiquer à ses compatriotes.

III. — Les écrits de Brissot après son retour.

Dès qu'il fut de retour, il s'empressa de publier (avril 1791) son *Nouveau Voyage dans les Etats-Unis*, car il sentait que l'époque était propice. Dans cet ouvrage, dont le troisième volume avait déjà été publié en 1787 par Clavière, mais fut corrigé par Brissot à la réimpression, ce dernier a essayé de montrer l'excellence de l'Amérique comme lieu d'habitation ; il note la fertilité des terres, la simplicité des mœurs, les avantages futurs d'un commerce plus étroit entre la France et le Nouveau Monde. Il voulait aussi préparer les Français à profiter des fruits de leur révolution. L'idée était bonne, car si la

(1) Brissot, *Nouveau Voyage*, t. I, p. 147-152, 242-248, 268, 269, 281 et 312-337.

(2) Ellery a établi ses divers itinéraires d'après les dates de ses lettres et autres documents (Ellery, *op. cit.*, p. 69, 75-76).

(3) Brissot, *Nouveau Voyage*, t. I, p. 141 et 293-311 ; t. II, p. 161-166.

(4) *Ibid.*, t. I, p. 234-236.

Révolution échouait, ceux qui aimaient la liberté auraient la consolation de la trouver toujours aux États-Unis, et si elle réussissait, ils auraient appris à imiter les bonnes mœurs si nécessaires dans une République pour conserver la liberté une fois acquise (1). « Pas de mœurs, pas de liberté » était aussi l'idée de Montesquieu et de Rousseau, mais par le mot mœurs Brissot entend les mœurs privées aussi bien que les mœurs publiques, tandis que Montesquieu entendait simplement l'amour de la patrie (2). Mme Roland aussi insiste sur la difficulté « d'établir la liberté chez une nation qui a perdu ses mœurs » (3). Il est intéressant de voir que l'Américain Morris a exprimé avant elle la même idée en des termes presque semblables (4).

En s'empressant de peindre les États-Unis comme un paradis terrestre, un pays riche, fertile, la population accueillante et de mœurs simples, Brissot avait un double mobile : encourager l'émigration en Amérique et inspirer de la confiance pour ce pays.

Miss Ellery a déjà constaté qu'à cette époque Brissot ayant des intérêts fonciers dans l'Ohio, avait été invité avec Clavière à coopérer aux ventes de terres avec une commission de 2 1/2 p. 100 ; nous ne reviendrons pas là-dessus (5). Brissot avait aussi des intérêts dans la Compagnie d'Illinois (6) et de Scioto (7). Par conséquent, il avait avantage à encourager l'émigration et il avait conçu le plan d'une Société appropriée. Il persuada beaucoup de personnes ; les émigrants n'étaient pas toujours ceux qui devenaient les meilleurs citoyens amé-

---

(1) *Patriote fr.*, 2 juillet 1790, 17 mai 1791.

(2) Brissot, *Nouveau Voyage*, t. I, préface p. iii ; t. II, p. 170 ; Montesquieu, *Esprit des Lois*, LIII, chap. V ; LV, chap. II et suiv.

(3) Mme Roland, *Lettres*, t. II, p. 128, à Bancal à Paris du Clos, 31 juillet 1790.

(4) Morris dit que « la liberté ne peut pas s'établir chez un peuple qui n'a pas de moralité » (Esmein, *op. cit.*, p. 19 ; lettre à Washington, le 29 avril 1789, dans *The Diary and Letters of Gouverneur Morris*).

(5) Ellery, *op. cit*, p. 85, 89, 431, 439. Voir aussi Brissot, *Corresp.*, p. 261.

(6) Notes de l'écriture de Brissot données à Miss Ellery par Ch. Vellay.

(7) *Scioto Papers*, *Am. Antiq. Society*, Ellery, *op. cit.*, 88-90. Il ne s'agit pas là de la compagnie française.

ricains (1), car ils ne possédaient pas toujours la simplicité ni la souplesse nécessaires; toutefois, ils avaient de sérieuses chances de succès, vu l'expansion certaine et l'immense richesse du Nouveau Monde (2). Ce qui prouve la sincérité de l'admiration de Brissot pour l'Amérique, c'est qu'il avait l'intention d'y retourner lui-même avec les siens, et nous en trouvons une autre preuve dans le projet de société agricole qu'il essaya d'établir avec les Roland, Lanthenas et d'autres amis (3). Ils pensaient acheter des terres du gouvernement, puis mener une vie commune à la campagne. Ils n'ont pas réussi à « planter leurs tabernacles en Amérique », mais Brissot, forcé de suspendre ses projets par son élection à l'Assemblée législative, ne cessa de correspondre avec ses amis et son frère en Amérique (4).

Si Brissot insistait sur la prospérité et la richesse des ressources naturelles des Américains, c'était aussi pour montrer leur capacité de payer les dettes contractées envers la France pour la guerre de l'Indépendance. Ses actes et ses écrits subséquents le confirment. Un des buts de la *Société Gallo-Américaine* qu'il a projetée était de « dissiper les faux bruits dans les gazettes, qui pourraient tendre à diminuer le crédit des États-Unis en Europe », aussi bien que de conférer du bien public et réciproque de la France et des États-Unis » (5).

Dans *Le Patriote français*, le journal qu'il a fondé après

(1) Brissot, *Corresp.*, p. 242-245.
(2) *Patriote fr.*, 23 avril 1790 ; Brissot, *Nouveau Voyage*, t. II., p. 364, 383, 397, 427, 431 ; Brissot, *Corresp.*, p. 199-200 ; Brissot à Clavière, 9, 10, et 15 août 1788.
(3) *Patriote fr.*, 27 janvier 1790 ; Ellery, *op. cit.*, p. 88 ; Brissot, *Mémoires*, t. II. p. 367-369. Pétion, notice sur Brissot.
(4) *Patriote fr.*, 8 août 1791, *Réponse à tous les libellistes* ; Brissot, *Corresp.*, p. 220, 223, 274, à François Dupont, 22 octobre 1791 ; *Ibid.*, p. 256, à Lanthenas, Paris, 18 septembre 1790.
Pour attirer l'attention du public sur l'Amérique, Brissot rappelle que Royez, libraire, quai des Augustins près du Pont-Neuf, a rassemblé les ouvrages les plus intéressants sur les Colonies et sur l'Amérique. Il a fait réimprimer à part *Le petit avis à ceux qui veulent émigrer en Amérique*, du célèbre Franklin, ainsi que l'*Avis aux Habitants des Colonies, sur leur santé* (*Patriote fr.*, 27 janvier 1790).
(5) *La Société Gallo-Américaine* a tenu ses deux premières réunions les 2 et 3 janvier 1787 (Brissot, *Corresp.*, p. 106, 111).

son retour, il imprime tout ce qui pourrait inspirer à ses compatriotes de la confiance dans les États-Unis. Par exemple, il publie des lettres contenant les actes et les projets financiers du Congrès pour régler sa dette, notant que les intérêts des obligations faites aux officiers étrangers et Français étaient déjà payés; il publie aussi les tableaux des importations et des exportations des États-Unis, et de leur commerce avec les Indes orientales, tout ce qui peut indiquer l'accroissement de leur prospérité. Il était d'accord avec Mirabeau pour accepter des envois de blés comme payement de la dette. Cette idée fut sanctionnée par la Proclamation du Roi, du 5 novembre 1789, qui accorda des primes en faveur de l'importation des grains venant des ports d'Europe ou de ceux des États-Unis de l'Amérique (1).

En effet, la question de commerce était intimement liée à celle des dettes. Brissot s'intéressait beaucoup à ces questions; il y voyait la possibilité d'un grand échange de produits entre les deux pays. L'Angleterre avait déjà tiré profit d'un traité de commerce avec les États-Unis, et Brissot regrettait que l'envoyé de France n'eût pas réussi de même (2). L'idée maîtresse du troisième volume du *Nouveau Voyage* (*De la France et des États-Unis*) était de démontrer les avantages qui résulteraient pour la France, d'un développement de ses débouchés en Amérique. La France, disait-il, doit acheter des matières premières, telles que le tabac, les céréales, l'huile de baleine, le bois pour la construction des vaisseaux, et vendre en échange les objets fabriqués tels que les draps, toiles, soieries, chapeaux, cuirs, verreries, etc. (3). L'Amérique développerait son agriculture et achèterait ses produits manufacturés en Europe. L'idée a reçu l'approbation des économistes depuis ce jour jusqu'à présent. Actuellement, il y a une tendance contraire et l'Amérique commence à exporter les

(1) Brissot, *Corresp.*, p. 199-200, Brissot à Clavière, 9, 10 et 15 août 1788; *Patriote fr.*, 1er août. 4, 14 et 17 septembre, 14 octobre, 7, 16 et 23 novembre 1789; 23 février et 23 mai 1790 et 26 août 1791; *Nouv. Voyage*. t. II, p. 351-355, 364, 383, 397.

(2) *Patriote fr.*, 17 septembre 1789.

(3) Brissot, *Nouveau Voyage*, t. III, p. 293.

articles manufacturés et même des produits de luxe et à importer des matières brutes.

Dans son journal Brissot insista fortement sur la nécessité d'un traité de commerce et d'alliance entre la France et l'Amérique, et il fut très satisfait quand l'Assemblée, frappée par la « grande vérité » qu'il avait exprimée dans son *Nouveau Voyage* demanda qu'on fît un traité de commerce qui pût multiplier entre les deux nations des relations commerciales avantageuses à l'une et à l'autre (1).

Plus tard Brissot nous dira que le rapprochement politique et commercial entre la France et l'Amérique n'était qu'en apparence le but de son livre, que la vraie raison pour présenter un si beau tableau de la prospérité de l'Amérique était de tenter ses compatriotes d'imiter ses mœurs et d'obtenir ses libertés (2). Il faut rappeler que dans ses *Mémoires* Brissot tend à prouver qu'il a toujours souhaité la Révolution.

Il est intéressant de noter que même avant Brissot, Condorcet avait indiqué les avantages d'un commerce florissant avec les États-Unis (3). La France, dit-il, paraît être la nation européenne pour laquelle le commerce avec l'Amérique est le plus important : *a*) parce qu'elle peut échanger ses produits manufacturés pour les choses brutes qu'elle était autrement obligée d'acheter dans le nord ; *b*) parce que pendant la disette de blé elle pourrait avoir le riz de l'Amérique pour ses provinces sur la mer ou sur les canaux et rivières navigables communiquant avec la mer ; *c*) elle pourrait établir un grand commerce de vin.

Il pensait que les Français devaient connaître les besoins et les goûts des Américains, et établir chez eux des écoles non religieuses pour leur permettre d'apprendre le français. Enfin, il prédisait que le commerce de l'Amérique n'allait pas se borner aux objets qu'elle fournissait à l'Europe ; de nouveaux besoins se créeraient qui contribueraient au progrès et au bonheur universel (4).

(1) *Patriote fr.*, 5 juin 1791.
(2) Brissot, *Mémoires*, t. II, p. 52.
(3) Condorcet, *Œuvres*, t. VIII, p. 30-42. *De l'influence de la Révolution d'Amérique*, 1786.
(4) *Ibid.*, t. VIII, p. 36.

Nous avons parlé des écrits de Brissot sous le titre : origine de l'influence américaine parce qu'ils furent une mine de renseignements pour Condorcet et pour Mme Roland qui n'avaient pas fait le voyage. Grâce à leurs entretiens avec lui, ils purent profiter de son expérience. En dehors des livres qu'il écrivit, de ses pamphlets, de son journal, Brissot organisa aussi des comités, il prononça des discours politiques, il réunit ses amis chez lui et chez Clavière pour discuter de tout ce qui concernait l'organisation et les fonctions des États Généraux (1).

Mme Roland et son petit groupe d'amis, Blot, Lanthenas, Bosc et Bancal des Issarts ont donné plus de cent articles au *Patriote français* (2). Mme Roland s'intéressait à Brissot depuis qu'elle avait lu son excellente lettre au marquis de Chastellux (3) et les affaires d'Amérique la touchaient de plus près depuis que Brissot en était revenu. Il n'y a pas de doute que beaucoup de ses idées naquirent ou se modifièrent sous l'influence des œuvres de cet ami. Condorcet fut moins sensible peut-être à cette empreinte puisqu'il avait déjà des opinions bien formées sur la politique de l'Amérique et qu'il avait lui-même publié des opuscules là-dessus, par exemple : *L'Influence de la Révolution de l'Amérique*, *Lettres d'un bourgeois de Newhaven à un citoyen de Virginie*, *Lettres d'un citoyen des Etats-Unis à un Français sur les affaires présentes* et l'*Eloge de Franklin*. On peut dire au contraire que ses œuvres ont impressionné Brissot qui se trouva souvent d'accord avec lui et loua les travaux de Condorcet dans son journal.

C'est ainsi qu'il trouvait son livre sur les *Fonctions des États-Généraux et autres Assemblées nationales*, digne d'avoir été écrit par Adam Smith qu'il admirait beaucoup (4).

(1) Mme Roland, *Lettres*, t. II, p. 737, App. Q.
(2) Perroud, *Brissot et les Roland, leur collaboration dans Le Patriote français*, dans *La Révolution française*, t. XXXIV, p. 403, 22 mai 1898.
(3) Mme Roland, *Lettres*, nouv. série, t. II, p. 511, 20 mars 1789.
(4) *Patriote fr.*, 1er août 1789.

Toutefois ce fut Brissot qui fut considéré par tout le groupe qu'on appellera plus tard les Girondins comme la grande autorité sur les affaires d'Amérique. Son ami Pétion disait : « il parla des mœurs, des usages, des lois, de l'agriculture, du commerce, des finances, des États-Unis en homme qui a bien vu, qui a approfondi ces objets » (1).

(1) Brissot, *Mémoires*, t. II, p. 369.

CHAPITRE II

L'INFLUENCE DES IDÉES AMÉRICAINES SUR BRISSOT, CONDORCET ET Mme ROLAND

I. — Leur admiration pour l'Amérique et les constitutions américaines.

Nous avons vu que Brissot, Condorcet et Mme Roland avaient toutes les possibilités de se renseigner sur les idées et les institutions américaines. Le résultat de leurs lectures sur l'Amérique, comme de leurs relations avec des Américains, était un sentiment de profond étonnement. Ils admiraient les citoyens de la nouvelle république pour leur vie simple, leurs bonnes mœurs, leur amour de la liberté, et surtout pour l'établissement d'un gouvernement républicain qui paraissait vraiment stable et capable de durée. Cette admiration, ils l'expriment un peu partout dans leurs œuvres et, pour ce qui concerne Brissot par exemple, on en retrouve les traces dans presque chaque page de ses écrits et de son journal. Condorcet et Mme Roland n'en parlent pas autant, l'influence de l'Amérique ayant été sur eux, comme nous l'avons vu, moins directe, mais on sent qu'ils ne sont pas moins sincères.

Cet enthousiasme fait que la politique démocratique suivie par ces trois républicains doit en grande partie son caractère à la politique des Américains telle qu'ils l'ont connue. Or, cette politique est tout entière contenue dans les constitutions respectives des États fédérés et unis. C'est donc là que les révolutionnaires français pensèrent trouver une sauvegarde pour

leur liberté récemment conquise. Et c'est pourquoi ils étu-
dièrent ces constitutions plutôt que celles de l'Angleterre,
lorsqu'ils voulurent établir les bases d'une Constitution française.

Brissot avait d'abord regardé l'Angleterre comme un
modèle de gouvernement constitutionnel, mais une comparaison avec les institutions de l'Amérique nouvelle l'amena
à faire volte-face, tant il les vit plus simples et plus démocratiques (1).

« J'étais enthousiasmé de sa constitution », dit-il, « et, la
mettant en parallèle avec celle de l'Angleterre, je changeai
bientôt de culte, et je vis qu'on devait prêcher aux sociétés,
non d'adopter la charte informe et presque effacée des Bre-
tons, mais le modèle simple, puisé dans la nature par les
Américains (2) ».

Au début, l'Assemblée nationale Constituante ne partageait
pas l'enthousiasme de Brissot pour la Constitution des États-
Unis, et il s'est plaint de ce qu'elle ne provoquait « que des
murmures » parmi les Constituants, qui se montraient, au
contraire, très favorables à la Constitution anglaise (3). Pourtant, La Fayette et Rabaut Saint-Étienne préconisaient
l'exemple américain. Mais Brissot le préconisa plus encore,
par ses livres, par ses pamphlets, par ses comptes rendus des
débats de l'Assemblée, qui guidèrent l'opinion publique vers
l'adoption des principes américains, à tel point qu'on a pu
dire, plus tard, que la Constitution sur laquelle on était enfin
tombé d'accord suivait d'assez près celle des États-Unis, en
dépit du fait qu'en 1789 tous les patriotes désiraient qu'elle
fût rédigée sur le modèle de celle de l'Angleterre (4).

Brissot voulait même que la Constitution nouvelle fût meilleure que celle de l'Amérique, c'est-à-dire plus démocratique.

(1) Brissot, *Mémoires.* t. I, p. 221.
(2) *Patriote fr.*, 18 août 1791, *Réponse à tous les libellistes.*
(3) *Patriote fr.*, 27 août 1789. Camille Desmoulins avait dit que dans
l'Assemblée nationale on se rapprochait « furieusement, depuis deux mois,
de la Constitution de l'Amérique ». (Voir Aulard, *Société des Jacobins,*
t. III, p. 209.)
(4) *Chronique de Paris*, 5 octobre 1791.

Mais dès le début il prévoyait que, si bonne qu'elle fût, elle serait inférieure à ce modèle (1).

Il ne s'est pas toujours rendu compte suffisamment des différences qui existaient entre le peuple et le pays américains d'une part, le peuple et le pays français de l'autre, différences qui devaient forcément influer sur leur forme respective de gouvernement. Cependant, il observe à plusieurs reprises que les mœurs des Français ne sont pas encore aussi pures que celles des Américains, reconnaissant par là que ses compatriotes ne sont pas encore prêts à se gouverner par eux-mêmes.

Ainsi que nous le verrons plus loin, la République était son idéal. Mais en attendant le jour où le peuple serait plus éclairé, il était nécessaire de conserver un régime monarchique et la Constitution devait tenir compte de ce fait. Néanmoins, dans cette nouvelle monarchie constitutionnelle il fallait, selon lui, assurer le plus possible la souveraineté du peuple, et c'est pour y parvenir qu'il fallait suivre, dans leurs grandes lignes, les principes des constitutions américaines.

Mme Roland partageait l'admiration de Brissot pour ces constitutions, au point de désirer qu'on les adoptât intégralement. Condorcet, au contraire, et bien qu'il reconnût qu'elles étaient excellentes, se refusait à suivre aveuglément l'exemple américain. Il voyait bien, lui, les différences dans le caractère et les traditions des deux peuples, et il n'ignorait pas que ce qui est bon pour l'un peut être dangereux pour l'autre. La France pouvait, à son avis, profiter de l'expérience acquise par les autres gouvernements constitutionnels pour élaborer une constitution plus parfaite que la leur. Sitôt que la Constitution fédérale des États-Unis parut (2), il analysa article après article avec soin, et il trouva que bien qu'elle eût corrigé plus d'un défaut des Articles de Confédération sur lesquels la nouvelle République s'était gouvernée en l'attendant, il en restait encore (3). Ses craintes ne sont

(1) Lettre de Brissot au colonel William Duer. Paris, 28 avril 1789. *Sciota Papers*, *New York Hist. Soc.* (citée par Ellery, App.)

(2) 17 septembre 1787.

(3) Condorcet, *Œuvres*, t. VIII, p. 93, *Sur l'influence de la Révolution d'Amérique sur l'Europe*.

pas justifiées jusqu'ici ; et il remarque d'ailleurs que si ces
Constitutions ne sont pas toutes également bien combinées,
si elles présentent plus d'une lacune, on n'y trouve pourtant
nulle part d'erreur trop grave. Mais il voit une lutte constante
entre les anciens préjugés de l'Europe et les principes de justice et de liberté si chers à « cette nation respectable » (1). Il
faut nous rappeler que la Constitution fédérale, ratifiée en
1789, était un compromis entre les tendances aristocratiques,
représentées par Washington et Hamilton, et les idées démocratiques de Jefferson et de Franklin. Elle a été depuis beaucoup démocratisée dans la pratique. Et c'est un des avantages
immenses de cette constitution qu'elle peut être interprétée
selon les opinions de l'époque ; c'est pour cette raison qu'elle
ne sera jamais démodée.

Il était tout naturel que l'Assemblée Constituante se pré-
occupât dès les premiers jours de son existence de la Constitution qu'il faudrait donner à la France. C'est surtout par Brissot,
par Condorcet et Mme Roland que son attention devait être
attirée sur les précédents américains.

II. — Nécessité d'une Déclaration des Droits de l'Homme.

Tous trois étaient d'avis que la Constitution nouvelle devait
être précédée d'une Déclaration des Droits de l'Homme, comme
celle que l'on trouve au début de la Déclaration d'Indépendance des États-Unis, dans les constitutions particulières de
chacun des États et au long des dix premiers Amendements
de la Constitution fédérale. Condorcet a écrit, dans son *Eloge
de Franklin* : « Dans le plus grand nombre (des États) une
déclaration des droits des hommes assigne aux pouvoirs de la
société les limites que la nature et la justice leur imposent ;
idée sublime, dont les anciens traités des peuples avec les rois
n'étaient que le germe encore grossier, et dont la France
devait donner le premier exemple à l'ancien monde (2). »

(1) Condorcet, *Œuvres*, t. XIII, p. 41.
(2) *Ibid.*, t. III, p. 399-401.

M. Frayssinet a récemment rappelé (1) que M. George Jellinek avait publié en 1895 une brochure curieuse, dans laquelle il compare les textes français et anglais des Déclarations américaines. Des controverses que cette étude devait soulever, nous retiendrons seulement qu'il n'existe pas de différences essentielles entre les uns et les autres.

Condorcet a reconnu, nous l'avons vu, l'influence de ces Déclarations américaines sur celle des Français, et tous les hommes de son temps l'ont reconnue comme lui. Une comparaison attentive montre les ressemblances de principes, et même les ressemblances d'expressions. Il est parfaitement évident que les Constituants ont pris pour modèle la Déclaration d'Indépendance. On a dit que la Déclaration des Droits de l'Homme et du Citoyen était inspirée du *Contrat social* de Rousseau (2), mais à cela nous répondrons, avec M. Bourne, que « les garanties, à l'individu, des libertés historiques et des sauvegardes de sécurité personnelle qui se trouvent dans la seconde partie de la Déclaration sont celles qui ont été depuis longtemps une partie de la tradition légale américaine et anglaise (3) ». Encore est-il plus juste de dire que les députés ont suivi le précédent de l'Amérique. Quelques-uns des députés auraient voulu que la Déclaration prît place à la fin de la Constitution, mais Brissot estimait qu'elle en est la base même : « Une déclaration de droits est un chapitre aussi nécessaire, dans une constitution, que des fondements peuvent l'être dans un édifice. La Constitution peut changer, la Déclaration des droits ne peut jamais changer. C'est la règle éternelle qui doit diriger les changements » (4).

Au cours des discussions que soulevaient les divers textes proposés, Brissot se montra fort impatient parfois. Nous le voyons se plaindre de ce que l'on trouve des défauts à tout, et même aux déclarations américaines. La Crevière a dit que « tous ces plans renfermaient des articles qui n'appartiennent

(1) Frayssinet, *Les idées politiques des Girondins*, p. 151.
(2) Voir Palloy, dans la *Chronique de Paris*, 5 octobre 1791.
(3) Bourne. *The Revolutionary Period in Europe*, 1763-1815, p. 102-103.
(4) *Patriote fr.*, 1er août 1789. Voir aussi Aulard, *Hist. pol. de la Rév. fr.*, p. 21 et 22.

point à la Déclaration des droits ». Brissot n'aime pas que la Déclaration américaine soit comprise dans cette critique. Et, pour ce qui est de ceux qui auraient voulu faire accepter leur plan sous leur nom, et qui empêchaient ainsi le travail d'avancer, il cite l'exemple des Américains : « La Déclaration d'Indépendance de l'Amérique, qui est un chef-d'œuvre, a paru très promptement ; c'est qu'elle ne portait aucun nom. La modestie du talent qui se cache est complaisante et docile ; l'amour-propre qui se met en avant ne capitule sur rien » (1).

Condorcet insistait lui aussi sur la nécessité d'une Déclaration des droits, « véritable boulevard de la liberté ». Il considère comme la plus importante des choses d'assurer aux hommes la jouissance de ces droits que la nature a donnés à chaque individu (2).

Pour lui, il existe trois droits primitifs : l'égalité des droits, la sécurité et la liberté de la propriété, la liberté individuelle (3). Il juge qu'à cet égard la France pourrait utiliser « les idées saines des Américains », de préférence à celles de tout autre pays d'Europe, et en particulier de l'Angleterre, parce qu'il les voit à « un degré de lumières » qui permettrait aux Français d'en tirer le plus grand profit. Les livres et leur enseignement ne suffisent point, remarque-t-il ; ce qu'il faut, pour atteindre les masses, c'est l'exemple d'un grand peuple. Or, l'Acte de l'Indépendance donnait, à son avis, une formule aussi simple que sublime de ces droits sacrés, et l'exemple de l'Amérique lui paraissait mériter d'être suivi par toutes les nations (4).

Il est clair, ici, que Condorcet donnait plus de confiance à la leçon offerte par l'Amérique qu'à la philosophie et aux principes qu'il était de mode de puiser chez les Anglais. Il déplorait le fait qu'avant la réunion de l'Assemblée nationale l'instruction de la nation touchant la Constitution se fût bornée à quelques

(1) *Patriote fr.*, 24 août 1789.
(2) *Ibid.*, 26 novembre 1790. Lettre de Condorcet; Condorcet, *Œuvres*, t. IX, p. 179-183, *Déclaration des droits* (1789),; Inst. mss. (Nécessité d'une Déclaration de droits) N. S. 20, dossier B1, n° 3.
(3) Condorcet, *Œuvres*, t. IX, p. 166, *Idées sur le Despotisme*, 1789.
(4) *Ibid.*, t. VIII, p. 11, 13 et 31.

maximes plus ingénieuses que bien fondées, plus dangereuses qu'utiles, toutes tirées de l'*Esprit des Lois* ; on avait trop admiré, et d'une façon plus bruyante qu'éclairée, la Constitution anglaise (1).

Toutefois, Condorcet n'entendait point que l'on copiât les Déclarations américaines telles quelles. Il ne trouvait complète ni la première de toutes, celle de Virginie, qui datait du 1er juin 1776, ni aucune de celles qu'avaient ensuite adoptées six autres États. Il les critiquait fort et relevait leurs défauts, leur reprochant surtout d'ailleurs des omissions. Mais il appréciait la brièveté de cette même Déclaration de Virginie (2), et pourtant le projet qu'il soumettait à l'Assemblée, bien que clair et précis, était loin de l'égaler sous ce rapport.

On trouve, dans ce projet de Condorcet, plusieurs articles qui figurent parmi les dix premiers amendements à la Constitution des États-Unis. Ce sont, notamment, la liberté de religion et de presse, la sécurité contre les perquisitions sous mandat et les saisies-arrêts, la sécurité de la vie, la liberté de propriété, le droit de jugement prompt et public par un jury impartial, là où a eu lieu le crime, le droit d'être instruit de la nature et des motifs de l'accusation et d'avoir des témoins pour et contre, aussi bien qu'un conseil pour la défense ; « pas d'amendes, ni de caution excessive, ni de punitions cruelles et extraordinaires » (3).

Dans la Constitution même nous trouvons encore d'autres principes défendus par Condorcet, à savoir, pas d'impôts ou droits de douane sur les articles importés d'un État quelconque ; pas de titres de noblesse ; dans les questions commerciales ou de revenus, pas de préférence pour certains États au détriment des autres ; les juges assurés de leurs charges tant qu'ils n'auront pas démérité ; tous les procès à l'exception des mises en accusation ou blâme des fonctionnaires de l'État jugés par

(1) *Ibid.*, t. VIII, p. 656.
(2) Condorcet, *Œuvres*, t. IX, p. 168-169.
(3) Cf. Condorcet, *Œuvres*, t. IX, p. 184-211. *Déclaration des droits*, avec la Constitution des Etats-Unis, amendements, art. I, IV, V, VI, et VIII. Les dix premiers amendements furent proposés le 25 septembre 1789 et mis en vigueur le 15 décembre 1791.

jury dans l'État où le délit a été commis ; possibilité de modifier la Constitution par des conventions ou par le Congrès (1).

III. — Rôle des précédents américains
dans l'application des principes des Déclarations.

Telle que l'Assemblée nationale Constituante l'a finalement
rédigée, la Déclaration des Droits de l'Homme donne aux
citoyens l'assurance de leur liberté, de leur égalité devant la
loi, et de leur fraternité.

Comme l'a exprimé Brissot, la liberté est le droit de faire
tout ce qui ne nuit point au droit antérieur d'autrui, et elle
s'applique à la pensée, ainsi qu'à la libre expression de cette
pensée, en religion et en politique, par la parole et par la
presse (2).

Les mêmes principes se retrouvent dans les Déclarations
de droits américaines. Aussi, pour les interpréter et les
appliquer, Brissot, Condorcet et Mme Roland citent-ils souvent
ces Déclarations. Comme tous les grands révolutionnaires,
ils considèrent le droit de l'individu d'exprimer librement ce
qu'il pense comme un droit naturel et de la plus haute importance, surtout en matière de religion.

I. — LIBERTÉ.

On a peine à croire aujourd'hui, tant l'idée nous en est
devenue indispensable, que la liberté de conscience n'existait
pas il y a cent cinquante ans. Les Girondins, comme beaucoup
d'autres, ont vu la nécessité de la faire figurer dans la Déclaration des droits. Ils avaient passé, dans leur jeunesse, par le
catholicisme ; plus tard leurs opinions avaient subi une grande

---

(1) Cf. Condorcet, *Œuvres*, t. IX, p. 184-211, *Déclaration des Droits*
avec la Constitution des Etats-Unis, art. 1, sec. 5, 6, 8 et 9, III, sec. 1 et 2,
et V.

(2) *Patriote fr.*, 26 novembre 1790.

transformation, à la lecture de Voltaire, de Rousseau, de Diderot et des autres philosophes du XVIIIᵉ siècle. Ce que Brissot, Condorcet et Mᵐᵉ Roland demandaient avec insistance, ce n'était pas cette simple tolérance religieuse qui n'est que le premier pas dans la liberté du culte, mais aussi le respect et la bonne volonté à l'égard de la religion du prochain (1).

Il était, là encore, tout naturel que leurs yeux fussent tournés vers l'Amérique, où, après bien des querelles religieuses au début, les diverses sectes travaillaient enfin côte à côte en parfaite harmonie, les différents États ayant garanti la liberté de conscience dans leurs constitutions respectives. Si l'on compare cet état de choses aux préjugés religieux qui dominaient l'Europe de la même époque, on est assez porté à trouver que le principe de la liberté de religion est un principe américain.

Au cours des discussions de l'Assemblée, Brissot rappela plus d'une fois l'exemple de l'Amérique. A un membre qui voulait qu'on punît de mort ceux qui oseraient prêcher l'athéisme ou le déisme, il suggérait « qu'on obligeât toutes les religions de relire chaque année et d'afficher dans leur église l'immortelle déclaration de l'État de Virginie sur la liberté des cultes ». Sur ce sujet, il fit imprimer l'Acte qu'avait passé l'assemblée de Virginie au commencement de l'année 1786, pour établir la liberté religieuse. Une autre fois, c'est à Sieyès lui-même qu'il rappelait que la liberté des cultes est une des bases de la Constitution américaine (2).

Condorcet voyait lui aussi un exemple excellent dans le nouveau code de Virginie qui sépare complètement la religion des devoirs et des droits civils du citoyen (3). Il y voyait une preuve que la nation américaine est plus tolérante qu'aucune autre, et qu'à ce point de vue elle peut être avantageusement comparée aux peuples de l'antiquité. « Le mot de tolérance,

---

(1) Brissot, *Mémoires*, t. I, p. 38. Voir aussi Ellery, *op. cit.*, p. 8, *Le Patriote fr.*, 30 novembre 1790 et Condorcet, *Œuvres*, t. IX, p. 496-497
(2) *Patriote fr.*, 17 mai 1790, 10 mai et 7 juin 1791.
(3) Condorcet, *Œuvres*, t. VIII, p. 50.

chez ce peuple, paraît presque un outrage à la nature humaine, c'est un mot européen » (1).

Il n'a pas été sans noter pourtant, dans quelques États, des restes de fanatisme, et sans regretter que le gouvernement américain ait exclu du Corps législatif, par une loi fondamentale, les ministres de la religion, il pense qu'on ne devrait jamais tenir compte de considérations de ce genre. « L'esprit qui doit animer toute assemblée représentative est uniquement l'esprit public, et jamais on ne doit présumer qu'aucune profession en puisse inspirer un qui y soit opposé. Il est presque aussi dangereux d'exclure certaines professions, que de leur donner des places exclusivement réservées » (2). Ici Condorcet montre des vues plus larges que ses contemporains.

Après que la liberté de conscience eut été garantie par la Déclaration des Droits de l'Homme, Brissot et Condorcet se tinrent constamment en garde contre les atteintes qu'on y pourrait porter. Et nous verrons par exemple Brissot attaquer la proposition de dom Gerle pour que la religion catholique, apostolique et romaine soit à jamais la seule autorisée dans le royaume, proposition qui fut repoussée. Il insiste même sur l'impossibilité d'une religion nationale : chacun a sa conscience à soi, et la religion ne saurait être plus nationale que la conscience. L'Amérique lui paraît démontrer que la variété des religions est favorable au bonheur public, et que des sectes différentes peuvent vivre dans une parfaite entente. Il aime à redire l'impression que lui avait produite la vue des ministres des différents cultes, dans les processions fédérales qui avaient marqué, en Amérique, l'adoption de la nouvelle Constitution, le 4 juillet 1789 (3).

(1) Condorcet, *Œuvres*, t. VIII, p. 12, 36 et 37, *Sur l'influence de la Révolution d'Amérique*.

(2) *Ibid.*, p. 12. Voir t. III., p. 405, *Eloge de Franklin* : « La tolérance universelle doit être le principe de toutes les religions. » Et, p. 399 : « Partout (dans les Constitutions des Etats) la liberté religieuse fut respectée, et dans plusieurs Etats la religion, rendue à sa dignité naturelle, ne fut plus rabaissée à n'être qu'un établissement politique. »

(3) *Patriote fr.*, 18 février, 13 avril, 17 mai et 10 juillet 1790, et 16 janvier 1791.

Ce n'est pas sans un certain étonnement qu'il est appelé à constater que la paix religieuse règne aux États-Unis, même à Philadelphie où dix-sept cultes trouvent le moyen de coexister, grâce à leur tolérance mutuelle, qui leur permet de s'exercer librement et sans encombre sous un gouvernement unique. C'est cette tolérance, source de bonheur et de prospérité, qu'il voudrait voir adopter par la France, car son désir n'est nullement de détruire la religion chrétienne : ce qu'il censure, c'est l'abus criminel « ou manteau de cette religion », dont certains prêtres se sont rendus coupables. Il remarque, avec Myers Fisher, que les Quakers s'étaient passés de prêtres et n'en avaient pas moins conservé, depuis cent cinquante ans, leurs mœurs pures et leur discipline. Il reconnaît, cependant, que pour les Français, dans l'état où ils sont, les **prêtres** sont à conserver, mais, d'après lui, les curés suffiraient. Il voit les évêques, les archevêques, en un mot « les grands vicaires » comme autant de rouages fort inutiles, et il aimerait que l'on supprimât les séminaires. Les Américains ne sont-ils pas, sans évêques et sans abbés, très religieux ? (1)

Les prêtres que l'on maintiendrait, les curés, devraient à son avis être choisis par le peuple, si leur ministère devait être exercé avec fruit. Ils auraient d'ailleurs prêté le serment d'obéissance à la nouvelle loi.

D'autre part, Brissot exhorte ses concitoyens à respecter les ministres de la religion, et à ne point oublier les sacrifices qu'ils ont faits pour la nation. Il ne voit point de liberté possible pour un peuple sans bonnes mœurs, et point de bonnes mœurs sans religion. Autrement dit, une religion quelconque vaut mieux, à ses yeux, que point du tout (2).

C'est pourquoi il réclame la liberté de culte pour tout le monde (3), comme en Amérique; c'est pourquoi il propose

---

(1) *Patriote fr.*, 12 et 13 août, 10 septembre 1789; 17 janvier, 18 février, 13 avril, 30 mai et 1ᵉʳ juin 1790.

(2) *Ibid.*, 19 octobre 1789.

(3) Brissot, *Nouv. voyage*, t. III, p. 409, note. *La Société Gallo-américaine* admettait des membres de tous les pays, toutes les professions et toutes les religions, à condition qu'ils fussent résolus à se dévouer au service de l'humanité. Voir aussi *Patriote fr.*, 27 mai 1790, et Brissot, *Corresp.*, p. 111.

d'accorder les droits civils aux protestants, aux juifs, aux comédiens, et jusqu'au bourreau (1).

Lorsque l'Assemblée Constituante décréta que les juifs, connus en France sous le nom de juifs portugais, espagnols, avignonnais, jouiraient des droits des citoyens actifs, Brissot espérait qu'il en serait de même pour tous les juifs même allemands, domiciliés en France (2). Et lorsqu'on objecta que les juifs ne pouvaient être éligibles parce qu'ils refuseraient de se battre en cas de guerre, le jour du sabbat, il répliqua que si l'on avait ainsi raisonné de l'autre côté de l'Atlantique, l'Amérique se serait privée de sa classe de citoyens la plus respectable au dire de Washington, celle des Quakers (3).

Brissot avait pour les Quakers une admiration profonde. Leur simplicité, par contraste avec la pompe catholique, le frappait (4). Et c'est en hommage à leur austérité qu'il portait ses cheveux sans poudre, alors que la poudre était encore à la mode (5).

Pas plus que lui Condorcet ne voulait d'un culte unique reconnu par l'État. Il pensait que plus la liberté de conscience était étendue, plus les hommes possédaient vraiment l'esprit religieux. Et lui aussi étayait ses opinions sur l'exemple de l'Amérique. Les républiques sages de l'Amérique ont reconnu que « tout citoyen peut suivre la voix de sa conscience dans le choix d'une religion, et contribuer sans contrainte aux dépenses du culte de celle qu'il a choisie, et ce peuple, le plus universellement religieux qui existe sur la terre, est celui dont la paix est la plus assurée » (6).

D'après lui, si l'Europe avait été troublée par des guerres religieuses, c'était parce qu'il régnait, universellement, un système absurde de religions nationales ou exclusives ; mais, en réalité, il croyait qu'il y avait plus d'athées à Rome qu'à

(1) *Patriote fr.*, 24, 25 et 26 décembre 1789 ; 15 et 17 juin 1790.
(2) *Ibid.*, 30 janvier et 5 février 1790.
(3) *Ibid.*, 29 décembre 1789, Lettre de Washington.
(4) *Ibid.*, 5 août 1789 et *Nouv. voyage*, t. II, p. 80 et 169.
(5) Cité de Beaulieu, par Aulard, *Orateurs de la Législative*, t. I, p. 219.
(6) Condorcet, *Œuvres*, t. X, p. 99, *Religion catholique*, 1790.

Londres, à Londres qu'aux États-Unis (1). Condorcet n'est point contraire à l'idée de faire payer les prêtres par l'État, ainsi que le proposait le décret du 13 avril 1790; mais alors les prêtres devraient prendre l'engagement de ne rien prêcher aux citoyens qui fût opposé aux intérêts de l'État, et de ne pas chercher non plus à limiter l'étendue de leur pensée. Bien que ce décret fût en contradiction avec l'art. I de la Déclaration des Droits de l'Homme, il visait en effet au maintien de l'ordre et de la paix, et écartait tout danger de fanatisme, comme l'eût entraîné à sa suite, tout naturellement, le système de l'indépendance des églises (2).

Mme Roland tenait, elle aussi, ardemment à la tolérance religieuse, telle qu'elle existait de l'autre côté de l'Océan, puisqu'elle se disait « tolérante par nature ». Elle disait que « la diversité des opinions (lui) paraissait aussi peu surprenante que la diversité des fruits que produit une même terre ». Et, mettant en pratique sa théorie, elle estimait tout aussi honorables qu'elle-même ceux qui pensaient tout autrement.

Il fallait d'ailleurs que cette liberté d'exprimer sa pensée s'étendît à la politique aussi, et le meilleur moyen de la sauvegarder c'était de garantir la liberté de la presse. Les États d'Amérique s'étaient tous prononcés dans ce sens, aussi les révolutionnaires français vont-ils souvent les prendre pour exemple.

Voici comment la Constitution fédérale des États-Unis s'exprimait sur ce sujet : « Le droit de communiquer ses pensées par la parole, par l'écriture ou par l'impression ne peut être gêné ou limité en aucune manière » (3). Et les Déclarations des droits de Pennsylvanie et de Virginie disent aussi : « La liberté de la presse ne doit jamais être gênée... elle ne peut être restreinte que dans les gouvernements despotiques (4) ». L'article que votera l'Assemblée Constituante sur

(1) Condorcet, *Œuvres*, t. X, p. 98 et 99.
(2) *Ibid.*, t. X, p. 103.
(3) Constitution des États-Unis, art. I, amendements.
(4) *Patriote fr.*, 20 octobre 1789.

la liberté de la presse reprendra cette même idée, sous la forme suivante : « La libre communication des pensées et des opinions est un des droits les plus précieux de l'homme ; tout citoyen peut donc parler, écrire, imprimer librement, sauf à répondre de l'abus de cette liberté dans les cas déterminés par la loi » (1).

On peut dire que Brissot, Condorcet et Mme Roland ont fait de leur mieux pour avoir une presse vraiment nationale et indépendante. Dans le prospectus du *Patriote français* du 16 mars 1789, Brissot déclare son intention bien arrêtée de maintenir son journal libre de censure et de toute influence quelconque. Aussi y publiera-t-il à maintes reprises des extraits de lettres (2) et des articles ou des discussions ayant trait à la liberté de la presse ; un grand nombre lui sont fournis par Robespierre (3), qui admirait la façon dont les États-Unis s'étaient exprimés sur ce point.

Tout au long de sa carrière Brissot devait rester fidèle à son idée qu'une « liberté indéfinie » de la presse était la base même d'une Constitution saine, comme aussi la garantie de sa durée, parce qu'elle empêchait toute mesure vexatoire et permettait de travailler sérieusement à l'instruction du peuple et à son bonheur, de sorte que ni les libelles ni les séditions ne seraient à craindre. Restreindre cette liberté illimitée, c'était courir un danger. Et enfin une censure ne pouvait être justifiée que par des circonstances extraordinaires, et pour la durée de ces circonstances seulement (4).

Mme Roland a beaucoup secondé Brissot dans son effort en ce sens, car elle voyait dans la presse un puissant correctif des abus. Sous ce rapport, elle enviait certainement l'Amérique, et elle aurait facilement fait sien le mot de Brissot refusant de faire partie de l'Académie de Villefranche : « Si je suis académicien, ce ne sera jamais qu'à Boston, à Philadelphie

(1) Constitution française, 3 septembre 1791, art. I. section 11.
(2) *Patriote fr.*, 17 octobre 1789 (Garan de Coulon), 10 février 1790 (Robert Pigot), 20 octobre 1789 et 5 janvier 1790 (Dr Price).
(3) *Patriote fr.*, 27 août 1789 et suivants.
(4) *Patriote fr.*, 2 août et 8 novembre 1789, 1er et 2 février, 2 et 7 août 1790, 4 mai 1791.

ou à Londres, parce que là on n'enchaînera point mes idées et que je pourrai être moi » (1).

Quant à Condorcet, il considère la liberté de la presse comme « l'unique rempart de la liberté des nations, la seule barrière dont la tyrannie la plus adroite ne puisse se jouer » (2). Il développe cette idée très au long dans ses ouvrages, approuvant la liberté de la presse totalement, sauf dans les cas de calomnie. Il admet qu'il est permis de critiquer les hommes dans ce qui touche à leurs fonctions publiques, mais jamais d'exposer leur réputation par une diffamation dans leur vie privée (3).

Il y avait longtemps que Condorcet avait adopté ces idées, lorsqu'il les exprima vers 1792. Et toujours il s'est servi de l'Amérique pour montrer qu'elles étaient parfaitement applicables. « La liberté de la presse est établie en Amérique, et l'on y a regardé avec une juste raison le droit de dire et celui d'entendre les vérités qu'on croit utiles, comme un des droits les plus sacrés de l'humanité ». Loin de favoriser les intrigues, il lui apparaissait que cette liberté, dans les discussions publiques, les empêchait au contraire, et apportait à la législation nouvelle l'appui de l'opinion publique en général. C'est ainsi qu'il présente le cas où, devant la désertion de la milice américaine, on avait proposé de publier dans la gazette de leur État les noms des coupables, mesure qui se montra plus efficace que la peine de mort. « Enfin », dit-il, « l'Amérique a prouvé qu'un pays peut être heureux, quoiqu'il n'y ait dans son sein ni persécuteurs, ni hypocrites, et les politiques, qui auraient eu peine à le croire sur l'autorité des sages, le croiront, sans doute, sur celle de cet exemple » (4).

Les efforts de Condorcet et de Brissot pour assurer à la France la liberté de la presse ne furent point inutiles, puisque l'Assemblée Constituante, convaincue de la nécessité de cette

(1) Mme Roland, *Lettres*, t. II, p. 128, 138 et 730 ; Brissot, *Mémoires*, t. II, p. 432.

(2) *Patriote fr.*, juillet 1791.

(3) Condorcet, *Œuvres*, t. XI, p. 276-277 ; *Fragments sur la liberté de la presse*, 1776.

(4) Condorcet, *Œuvres*, t. VIII, p. 15.

liberté pour le maintien de la liberté civile et politique, chercha les meilleurs moyens de la sauvegarder (1).

Il existait encore un autre article, dans la Constitution américaine, dont l'Assemblée nationale devait, avec les Girondins, s'inspirer. C'était celui qui garantissait la liberté d'assemblée : « Le peuple ne sera point empêché de s'assembler librement et de se consulter sur le bien-être commun, ni de s'adresser à la Législature par des pétitions ou remontrances pour le redressement de ses griefs. » Brissot cite comme précédent de ce droit de protester contre une loi mauvaise le cas de la *Société pour l'encouragement des manufactures* qui, le 4 juillet 1791, protestait à Germantown contre la loi sur l'excise, comme étant « une violation dangereuse et arbitraire, par le Congrès, des droits inaliénables des citoyens ». La Société ajoutait qu'elle ne donnerait ni encouragement ni assistance à l'exécution de ladite loi, mais ferait tout son possible, au contraire, pour en amener la révocation (2).

Condorcet et Brissot demandaient la même liberté individuelle, — sûreté de l'individu et de ses propriétés — que l'on trouve garanties par les constitutions américaines.

Parlant de ces lois, Condorcet n'y faisait point entrer les lois de commerce, parce qu'à son avis le commerce devait être absolument libre ; il « n'a besoin d'aucune autre loi que de celles qui assurent les propriétés » (3).

Notons incidemment qu'à propos de la liberté de commerce en Amérique, il devait aussi écrire ces lignes, dont la lecture ne manque pas de piquant aujourd'hui : « L'amour des Américains pour l'égalité, leur respect pour la liberté, pour la propriété, la forme de leurs constitutions empêcheront sans doute d'y établir jamais ni ces prohibitions, ou absolues ou indirectement ordonnées par l'établissement de droits énormes, ni ces privilèges exclusifs de commerce, ni ces monopoles de certaines denrées, ni ces visites si outrageantes, si contraires à tous les droits du citoyen, ni ces lois barbares contre la fraude, ni ces corporations exclusives de marchands ou d'ou-

(1) *Chronique de Paris*, 2 mai 1792.
(2) *Patriote fr.*, 28 octobre 1791.
(3) Condorcet, *Œuvres*, t. VIII, p. 30, 105.

vriers, ni enfin tout ce que l'esprit mercantile et la fureur de tout régler, pour tout opprimer, ont produit en Europe de vexations absurdes; et l'exemple de l'Amérique apprendra du moins à en voir l'inutilité et à en sentir l'injustice » (1).

La liberté du travail, du commerce et de l'industrie, Condorcet les déduisait du droit de propriété. Pour ce qui est de Brissot, il voyait la liberté du commerce, tant intérieur qu'extérieur, dans la suppression des monopoles. Il tenait surtout à ce que la France pût commercer librement avec les pays étrangers, entrevoyant pour elle de merveilleuses possibilités d'échanges avec l'Amérique, pour laquelle il demandait l'entrée, libre d'impôts, de certains produits, tels que le tabac et les huiles de baleine. Il voyait, à ce commerce amical, un énorme avantage, car une marine militaire serait désormais inutile pour protéger la marine marchande (2). Du reste, à l'intérieur même il réclamait la suppression ou tout au moins la diminution des impôts d'État, surtout sur le tabac et sur le sel.

Partisan avant la lettre de la taxe foncière et immobilière, Brissot estimait que la véritable richesse réside dans le sol. Sur ce point, il avait subi l'influence des physiocrates. Il avait une grande admiration pour le *Traité de la Richesse des Nations* d'Adam Smith (3).

II. — ÉGALITÉ.

Dans la Déclaration des Droits de l'Homme, le deuxième mot d'ordre était l'*égalité*. Tout fut nivelé pendant la Révolution française, mais nivelé du haut en bas. Le marquis de Condorcet, aristocrate, Mme Roland, grande bourgeoise, Brissot *de Ouarville* (dit de Warville), tous trois prêchaient l'égalité. Mais lorsqu'ils disaient que « tous les hommes naissent et demeurent égaux en droits », ils ne voulaient point dire

(1) Condorcet. *Œuvres*, t. VIII, p. 41.
(2) *Patriote fr.*, 27 décembre 1789, 1er janvier, 15 novembre 1790, 27 janvier et 17 avril 1791.
(3) *Patriote fr.*, 18 août 1789.

que tous sont égaux dans la force de leur esprit ou de leurs talents. Brissot définissait ainsi la véritable égalité : « C'est l'égalité devant la loi ; c'est un même droit pour tous les citoyens de prétendre aux emplois et aux charges ; c'est une égale protection pour tous de la part du gouvernement ; c'est enfin l'anéantissement de cet infâme préjugé qui consacrait, dès la naissance, la prétendue supériorité de quelques-uns et de l'humiliante condition du plus grand nombre » (1). Condorcet voulait le suffrage universel, parce que, dit-il, en faisant des hommes des citoyens, la nature a « voulu qu'ils restassent tous égaux » (2).

Si l'égalité politique dérivait du principe exprimé par Condorcet dans ces termes, l'égalité sociale devait dériver du même principe. Condorcet insistait d'abord sur l'importance d'une égalité absolue entre les citoyens, en tout ce qui concerne leur place dans la société. Dans ses écrits, il reconnaît bien l'inégalité personnelle, l'inégalité de fortune et d'opinion ; par contre toute distinction héréditaire, toute fonction à vie acquise à prix d'argent, toute prérogative qui n'est pas la suite nécessaire de la fonction qui la donne, lui paraissent également contraires à cette égalité fondée sur le droit naturel. Il met en avant l'exemple de l'Amérique, où l'on a interdit les distinctions entre les citoyens, et dit que si on étendait « cette interdiction à toute corporation perpétuelle qui ne soit pas absolument volontaire... » alors presque toutes les précautions deviendraient inutiles et la raison deviendrait la véritable sauvegarde de la liberté (3).

Il faut reconnaître que même aux États-Unis des inégalités subsistaient ; la Nouvelle-Angleterre était d'esprit autrement démocratique que le Sud, où persistaient des distinctions très nettes et pour ainsi dire infranchissables entre les trois classes composant la population, propriétaires des grandes plantations, blancs pauvres et esclaves. Toutefois, on peut dire que

(1) Brissot, *Mémoires*, t. II, p. 189.
(2) Condorcet, *Œuvres*, t. XII, p. 386 et 390.
(3) Condorcet, *Œuvres*, t. IX, p. 227 ; *Lettres d'un gentilhomme à Messieurs du Thiers Etat*, 1789.

depuis le contrat formulé sur le *Mayflower* en 1620 et la première constitution de Connecticut, les Américains étaient égaux devant la loi.

Or, pour parvenir en France à la même égalité, il était indispensable d'abolir un grand nombre de préjugés, héritage du Moyen Age et de la Féodalité. Déblayer les débris de l'Ancien Régime, c'était aussi débarrasser la France de la noblesse. Dans la nouvelle Constitution, il n'y avait plus de place aux yeux de Brissot, de Condorcet et de Mme Roland, pour des distinctions sociales ou politiques. Brissot disait que « la confiance seule doit être la base de l'éligibilité (1) ». Il fallait bien sauvegarder les droits naturels formulés dans la Déclaration. Et, dans l'application, on suivit le précédent américain, pour parvenir à une égalité plus parfaite.

Tout d'abord, lorsqu'il parle de supprimer tous les titres de noblesse sans les remplacer par d'autres, Brissot s'appuie sur l'exemple des États-Unis, qui, dit-il, considérant la noblesse comme « un poison dangereux » dans une constitution libre, l'ont proscrite à jamais (2). Il cite ensuite l'effort tenté par Washington pour établir l'usage des titres d'*esquire*, *gentleman*, *Excellence*, qui au dire de Brissot lui-même ont fait plus de mal que de bien en Amérique, et il trouve une bonne raison pour abolir jusqu'au titre de *sire* et de *majesté* en France. Il va plus loin encore, et voudrait supprimer *monsieur* sur la suscription des lettres, remplacer le *vous* de politesse par l'emploi généralisé de *tu*, abolir, par la même occasion, le *très humble et très obéissant serviteur* des fins de lettres. Mais le *tu* surtout l'enchantait, car il aimait les Quakers, « qui tutoient également les rois et les charbonniers », et qui « ne saluent personne, n'ayant pour les hommes que de la charité, et du respect que pour les lois ». Il voudrait même abolir les expressions bourgeoises, telles que *monsieur*, *le sieur*, *le nommé*. En substituant le mot *citoyen* à *monsieur*, il lui paraît qu'on devrait faire des distinctions et ne l'appliquer qu'à de vrais patriotes ; ou mieux encore, il voudrait qu'on

(1) *Patriote fr.*, 5 décembre 1789.
(2) *Ibid.*, 9 et 21 novembre 1789.

suivit l'exemple des Romains et qu'on se contentât de dire Pétion, Condorcet, Paine, etc. Il rappelle que Washington refusa d'accepter pour lui-même le titre d'Altesse (1). Il lui semble que le titre de Président du Congrès est en effet suffisant, mais en l'attachant à Washington il fait une erreur, car cette fonction n'existait pas dans la Constitution fédérale. Washington était en réalité le Président des États-Unis.

Condorcet, par contre, estimait qu'on devrait pouvoir ajouter un sobriquet à son nom si on le désirait ; et il favorisait un système analogue à celui que l'on pratiquait en Amérique, où aucun titre particulier ne figurait dans les actes officiels, mais où le particulier avait le droit dans les actes privés de prendre et de donner le titre d'esquire (2). Mais Brissot, quand plus tard l'Assemblée nationale décréta l'abolition de la noblesse héréditaire et des titres de toute espèce, se vanta de ce qu'on eût surpassé les Américains eux-mêmes, qui se servaient encore des termes de gentleman et d'esquire (3).

Il allait jusqu'à suggérer qu'on supprimât des discussions de l'Assemblée nationale l'emploi trop général d'*honorable membre*, qui, appliqué à tous, perdait de sa force. Il proposait également qu'on décrétât comme article constitutionnel qu'aucun citoyen ne pourrait posséder titres, pensions, places ou honneurs dans un autre État, ainsi que c'était déjà le cas aux États-Unis. Toutes les distinctions permanentes, il aurait voulu les proscrire, comme l'avaient fait les Américains. — Il est curieux que les rubans, pour lui, n'entraient pas dans cette catégorie ! (4)

Il ne voulait pas davantage de distinctions civiques. Dans les processions civiques, dit-il, les administrateurs de département et de district et les corps municipaux ne doivent pas avoir chacun dans leur territoire la préséance sur les officiers

(1) *Patriote fr.*, 16 novembre 1789, 21 et 23 juin 1790, 27 mars 1791 et 23 septembre 1792.

(2) Condorcet, *Œuvres*, t. I, p. 327, à *M****, 1790.

(3) 19-23 juin 1790 ; Duguit, *Les Constitutions et les principales lois politiques de la France depuis 1789*, p. XVII ; *Patriote fr.*, 21 et 23 juin et 7 et 9 juillet 1790.

(4) *Patriote fr.*, 26 juin 1790 et 8 mai 1791.

et les corps civils et militaires. Et là encore il cite l'exemple de
l'Amérique et des défilés auxquels il avait assisté là-bas (1).

Condorcet s'appuie, lui aussi, sur l'exemple des Américains
pour la question des décorations, et se demande « si dans un
pays libre, où l'égalité doit faire la base des institutions,
comme du gouvernement », il est utile ou dangereux d'établir
aucune espèce de décoration, même temporaire. Et il ajoute
qu'on est bien revenu, dans l'Amérique anglaise, des préjugés
que les fondateurs du cordon de Cincinnatus y avaient apportés
d'Europe (2).

Lorsqu'on voulut distribuer des billets de places réservées
pour la fête républicaine du Champ de Mars, celle de la Fédé-
ration, le 14 juillet 1790, la *Chronique de Paris* du 11 juillet
s'y opposa, cette idée lui paraissant contraire à l'égalité. Elle
citait le journal de Brissot, où l'on trouvait une description
des processions fédérales célébrées en Amérique lors de l'adoption de la nouvelle Constitution. Tous les citoyens avaient été
admis également à les voir, et il n'y avait eu de places réservées que pour le Corps législatif, composé des députés de la
nation.

Pour apprécier le travail important accompli par Condorcet
dans cette question des distinctions politiques et sociales, il
faut bien nous rappeler que c'est sur sa motion que la Constituante décréta que :

Art. I. — Tous les titres généalogiques qui se trouveront
dans un dépôt public, quel qu'il soit, seront brûlés.

Art. II. — Les directoires de chaque département seront
chargés de l'exécution du présent décret, et chargeront des
commissaires de séparer ces papiers inutiles, des titres de
propriété qui pourraient être confondus avec eux dans quel-
qu'un de ces dépôts (3).

L'opinion de Mme Roland, sur ce point, est pleinement en
harmonie avec celle de ses deux amis, comme avec celle de
son mari, qui disait être le premier en France à avoir proposé

(1) *Ibid.*, 31 décembre 1791.
(2) *Chronique de Paris*, 21 juillet 1792.
(3) *Chronique de Paris*, 20 juin 1792; Condorcet, *Œuvres*, t. I, p. 534 :
Anniversaire de la séance du 19 juin 1790; *Moniteur*, 20 juin 1790.

publiquement dans une assemblée nombreuse (à Lyon) la suppression des basses formules des requêtes, placets et lettres, comme l'adoption du mot citoyen (1).

Parmi toutes les prérogatives qui portaient atteinte au principe de l'égalité, le droit d'aînesse était certainement un des pires. Il fallait donc l'abolir. Ici encore l'Amérique allait servir de modèle. Tous les enfants y sont égaux devant la loi ; et Condorcet citait le cas de la Virginie, où, dit-il, « la partialité n'existe plus en faveur de la primogéniture ni en faveur du sexe. Les mêmes réformes s'opèrent dans tous les autres États, plus ou moins, selon les circonstances » (2). Et Brissot, jamais en retard, invita les membres de l'Assemblée nationale à supprimer cette marque d'inégalité choquante entre les enfants d'une même famille, inégalité qui ne serait point d'accord avec une constitution libre. Ses efforts furent couronnés de succès (3).

Afin qu'une véritable égalité régnât parmi tous les citoyens, il était urgent d'abolir toutes les distinctions politiques. Au début, Brissot ne faisait aucune différence entre les citoyens actifs et passifs, observant que le mot citoyen les désigne tous, aussi bien ceux qui ont des droits civils que ceux qui ont des droits politiques (4). Lorsque le comité de Constitution, estimant que le droit d'élire et d'être élu n'appartient pas à tous les Français, exigea un cens de dix journées de travail pour les électeurs secondaires et d'un marc d'argent pour les représentants, Brissot fit tout son possible, par son journal, pour modifier l'opinion de la Constituante (5).

Condorcet n'approuvait pas ce décret, parce qu'il ne conférait l'éligibilité aux citoyens qu'en les assujettissant à certains impôts. Il remarque que si l'Amérique avait établi des conditions, ces conditions n'excluaient en réalité personne, parce

---

(1) Lettre de Roland, 13 octobre 1792 (*Chronique de Paris*).
(2) Condorcet, *Œuvres*, t. VIII, p. 51.
(3) *Patriote fr.*, 4 novembre 1789 et 15 novembre 1790. Le droit d'aînesse fut aboli par la Constituante, par la loi du 15 mars 1790 (*Chronique de Paris*, 5 janvier 1793).
(4) *Patriote fr.*, 7 novembre 1789.
(5) Duguit, *op. cit.*, p. xiv.

qu'il était très facile d'acquérir les propriétés exigées par la loi ;
que les hommes y manquaient à la terre, et non la terre aux
hommes ; et que le désir de se rendre indépendants, par l'acqui-
sition d'une propriété territoriale, précède, chez ceux qui n'en
ont pas encore, celui d'occuper des emplois (1).

Condorcet allait plus loin encore que les Américains de son
temps, puisqu'il n'admettait pas la distinction des sexes, et
que, pour lui, les femmes étaient aussi capables de bien voter
que les hommes. Dans ses *Lettres d'un bourgeois de New-
Haven à un citoyen de Virginie*, il expose ce principe de
l'égalité des sexes, et dans son article du *Journal de la
Société de 1789*, sur l'*Admission des femmes au droit de
cité*, il soutient que les droits du citoyen ne doivent pas plus
dépendre de son sexe que de sa religion ou de la couleur de sa
peau (2). Les seules conditions qui, selon lui, pouvaient
limiter l'exercice du droit de suffrage individuel et absolu,
c'étaient la nationalité et la résidence (3).

Brissot, avant de se rendre en Amérique, partageait tous
les préjugés qui avaient cours en France à l'égard de la femme,
et il pensait qu'elle ne devait point se mêler de politique, son
grand art consistant à plaire et à amuser. « Une femme livrée
à la politique », lui paraissait « un monstre, ou tout au moins
une précieuse ridicule d'un nouveau genre » (4). Son voyage
dans le Nouveau-Monde devait là-dessus changer ses idées,
et il en rapporta une fort bonne opinion des Américaines, de
leur absence de toute affectation, de la façon dont elles
savaient user de leur liberté. Lorsque les Françaises sauraient
les imiter, dit-il, elles devraient avoir le droit de vote.

Tout en excluant les femmes pour un temps, il était pourtant d'avis d'accorder le droit politique à certaines classes

---

(1) *Patriote fr.*, 23 juin 1790 ; Condorcet, *Œuvres*, t. X, p. 79-91,
Adresse à l'Assemblée Nationale sur les conditions d'éligibilité. 5 juin
1790.

(2) Buchez et Roux, *Arch. Parl.*, t. IX, p. 98. — *Journal de la Société
de 1789*, 3 juillet 1790, n° 5. *Sur l'admission des femmes aux droits de
cité*, 3 juillet 1790.

(3) Condorcet, *Œuvres*, t. XII, p. 386.

(4) Brissot, *Mémoires*, t. I, p. 272-273.

auxquelles Condorcet le refusait, par exemple à celle des ser-
viteurs. Condorcet estimait qu'il fallait exclure les moines, les
domestiques et les pauvres, et les femmes lorsque celles-ci
n'avaient pas de propriété. Il disait : « Si on excepte les
États-Unis, et quelques petites républiques cachées dans les
montagnes de la Suisse, on peut dire que dans le reste du
globe, la généralité des citoyens n'exerce ce droit sur aucun
objet d'une manière indépendante, bien loin de l'exercer sur
tous. Il n'est aucun pays où tous les individus de l'espèce
humaine, sans exception, jouissent du droit de cité. » Brissot,
d'autre part, espère qu'un jour les domestiques ne seront pas
exclus des assemblées d'électeurs, et qu'on fera une différence
entre les domestiques des campagnes et ceux des villes.
Cependant, toujours fidèle à son modèle, il déclare que
puisque les États-Unis, « où il y a plus de mœurs », ont jugé
cette exclusion nécessaire, il faut en faire autant dans un
pays où la domesticité a été si longtemps avilie (1).

Du moment qu'il n'existe plus de distinctions entre les
citoyens, il en résulte que le chiffre de la population doit être
la base unique de la représentation. Il ne serait pas démocratique de fonder celle-ci sur la propriété et sur l'impôt, « puisque
ce n'est ni le territoire ni les contributions qui sont repré-
sentés, mais les hommes seuls ». Sitôt que l'on adopte une
autre base que la population, les droits de l'homme sont violés.
« Nul ne peut être assujetti à une loi qu'il n'a pas consentie
or, ce droit appartient à chaque homme, comme homme, et
non pas comme riche, ni comme contribuable. Si tous ont le
même droit, la somme de la représentation doit être en raison
de la somme de la population ; aussi est-ce la seule base
qu'aient suivie les Américains » (2).

Et encore une fois Brissot s'appuie sur l'exemple des Américains : « Il ne faut pas cesser de répéter que les hommes qui
ont le plus d'expérience et le plus de réflexions sur cette
matière en ont ainsi pensé. » Et par ces hommes il entend les
Américains. « Lors de la formation du nouveau plan, on avait

(1) *Patriote fr.*, 24 octobre et 2 décembre 1789.
(2) *Patriote fr.*, 20 octobre 1789.

voulu introduire la base des contributions ; beaucoup d'inconvénients l'ont fait rejeter. La nature même de la base doit la faire proscrire ; elle tend à faire pencher la balance en faveur de la richesse et de l'aristocratie » (1).

A cette époque, l'expression *suffrage universel* était inconnue. Personne ne demandait le droit politique pour tous, et la plupart y étaient opposés. Les États-Unis eux-mêmes, à cette date, ne comptaient les esclaves qu'en partie pour la représentation, alors qu'aujourd'hui tout le monde vote en Amérique, à l'exception des fous et des prisonniers.

Brissot ne l'emporta pas tout de suite. On décida de distribuer les représentants proportionnellement entre les 83 départements, en tenant compte de trois facteurs : le territoire, la population, les contributions directes. En outre, on ne comptait que la population *active* du royaume (2). C'est la Convention qui devait faire de la population la base unique de la représentation nationale, et supprimer aussi toute distinction entre citoyen actif et citoyen passif (3).

Il y avait encore d'autres mesures tendant à l'égalité politique, telles que par exemple l'élection directe des membres de l'Assemblée législative par le peuple, et la brève durée de leur mandat. De cette façon, tous participaient aux élections, et un grand nombre de citoyens avaient l'occasion de servir leur pays dans les fonctions de représentants. Brissot citait, à cet égard, l'exemple du Congrès américain, qui renouvelait fréquemment et le Président et les membres de sa représentation nationale (4). En Amérique, loin de souffrir des changements fréquents de la Législature, on évitait les risques de corruption qui accompagnent la longue durée des mandats. Brissot désirait également que comme aux États-Unis les représentants pussent jouir de l'immunité judiciaire, et fussent

---

(1) *Ibid.*, 20 octobre, 10 et 18 novembre 1789.

(2) Constitution du 3 septembre 1791. Titre III, chap. I, sect. I, art. 1 et 2.

(3) *Chronique de Paris*, 18 août 1792 et 15 juin 1793. Voir la Constitution du 13 juin 1793, art. 1er.

(4) *Patriote fr.*, 6 août 1791.

payés par le peuple (1), cela pour ne pas exclure des hommes capables mais pauvres. Toutefois, il redoutait tout autant l'autre extrême, et nous le verrons reprocher à l'État de Rhode-Island les trop fréquentes réélections de son Corps législatif (2).

Il ne tombait pas d'accord avec Condorcet à propos de l'élection des députés, estimant qu'ils devraient être élus directement par le peuple comme en Amérique (3). Condorcet trouvait qu'aux États-Unis les électeurs n'avaient aucun moyen de diriger leur choix d'après la conduite publique des candidats, parce qu'il leur manquait les assemblées intermédiaires d'administration, qui, en France, étaient une épreuve et une école (4).

Du reste, Brissot ne voyait pas là un défaut, et il cite Philadelphie, une ville d'environ 400.000 âmes, où 8.000 votants « donnèrent leur suffrage personnellement, sans aucun embarras ». D'où il conclut que ce qu'a pu faire ce nombre pourrait être accompli par un nombre cent fois plus considérable, si l'opération était divisée (5). Il va sans dire qu'il n'empruntait pas cette idée à Rousseau, lequel ne trouvait pas pratique les élections directes, si ce n'est dans un très petit pays (6).

Brissot favorisait également une courte durée du mandat pour ce qui concerne les juges, et il applaudit lorsqu'on vota contre la proposition de tenure à vie. Tout en désirant voir accorder aux juges un mandat plus prolongé que celui qu'on accordait aux administrateurs ordinaires, il considérait leur rééligibilité — telle que l'admet la Constitution américaine — comme une erreur (7).

---

(1) Brissot avait recommandé que les députés aux Etats Généraux fussent bien payés, comme les membres du Congrès en Amérique. (*Plan de conduite pour les députés du peuple aux Etats Généraux de 1789*, Ellery, *op. cit.*, p. 92).

(2) Brissot, *Nouv. Voyage*, t. I, p. 210-212.

(3) *Patriote fr.*, 2 octobre et 18 novembre 1789.

(4) Condorcet, *Œuvres*, t. VIII, p. 186. Voir *Le Patriote fr.*, 22 juin 1790.

(5) *Patriote fr.*, 18 novembre 1789.

(6) Voir le *Contrat Social*.

(7) *Patriote fr.*, 4 mai 1790.

III. — Fraternité.

Si les hommes sont libres et égaux devant la loi, il s'ensuit
qu'il doit exister entre eux un esprit de fraternité, et les droits
de l'homme sont évidemment des droits naturels, qui existent
ou pour tous ou n'existent pas. Les considérations de race ou
de condition n'y doivent rien changer. Qui donc jetterait son
frère dans une prison sale et noire? Qui donc aurait l'idée de
le tenir dans une ignorance crasse et dans la servitude? Au
XVIIIe siècle on avait déjà commencé les réformes humanitaires; on avait déjà entrepris de répandre une instruction
plus libérale et plus démocratique. Beaucoup de livres avaient
été écrits sur la philanthropie et sur l'éducation, sur l'amélioration des hôpitaux, des prisons, des lois pénales, sur l'exten-
sion des droits humains aux noirs et aux indigènes dans les
colonies des pays européens comme en Amérique. Le rôle
qu'avaient joué dans ce mouvement un philosophe comme
Condorcet, un journaliste comme Brissot, une femme intelli-
gente et « moderne » d'esprit comme Mme Roland, nous est
bien connu (1).

Ce que nous avons à montrer, c'est à quel point l'exemple
de l'Amérique les a encouragés tous trois au long de ces
efforts humanitaires pour atteindre au règne de la fraternité
universelle.

Ayant subi l'influence de Voltaire, de Montesquieu, de
Beccaria et de Filangieri, connaissant les ouvrages de Ben-
tham, de David Williams, de John Howard et d'Antoine
Bénezet (2), ils avaient déjà formé des théories très nettes sur

---

(1) Voir pour *Brissot*, Ellery, pour *Condorcet*, Cahen et pour *Mme Roland*, Tarbell.

(2) Beccaria et Filangieri, *Moyens de prévenir des crimes en France*,
Bib. phil., t. VI (voir Ellery, *op. cit.*, p. 45). Jérémie Bentham est un
publiciste anglais connu (1748-1832). Pour David Williams, voir Mme Roland, *Lettres*, t. II, p. 204. *L'État des prisons* de John Howard (1726-
1790) fut traduit en français en 1788 (voir Mme Roland, *Mémoires*, t. I,
p. 311). Antoine Bénézet (1713-1784) était un des premiers défenseurs de
la cause des noirs (voir Brissot, *Nouv. voyage*, t. II, p. 3-6).

l'amélioration du sort de l'humanité. Mais c'est surtout en Amérique que Brissot, plus que ses deux compagnons, allait trouver l'application pratique de ces théories. Il y avait passé beaucoup de temps au milieu des Quakers, et c'est eux qu'il voulut suivre. Dans son journal, il a décrit les maisons de correction des États-Unis, en particulier celles qu'il avait vues à Philadelphie. Il n'a pas assez d'éloges pour la méthode des Quakers, qui savent corriger leurs prisonniers sans les condamner aux travaux forcés (1). Faisant allusion, à plusieurs reprises, aux conditions déplorables dont souffraient les prisonniers de la Bastille, il exprimait l'espoir de voir un jour les prisons de Paris plus vastes, plus aérées, mieux situées, et ne cessait pas de prêcher égalité de peine pour délits de même genre, sans considération du rang ou de la condition sociale des coupables (2).

Il jugeait également qu'on ferait mieux d'imiter les hospices des pays situés au delà de l'Atlantique, et il décrivait, à l'appui, ceux de Boston, de Rhode-Island, de New-York et de Philadelphie (3).

Dès son retour d'Amérique il avait fait son possible pour aider les sociétés philanthropiques françaises, encourageant l'œuvre de bienfaisance, celle de Lyon par exemple, et insérant dans ses colonnes les appels qu'elles lui envoyaient pour obtenir des souscriptions (4).

Mme Roland ne s'y intéressait pas moins, et la *Société Agricole* ou *d'Amis* que Brissot essaya de fonder avec elle ainsi qu'avec Lanthenas, Champagneux, Blot et Bancal des Issarts (5), après le décret du 2 novembre 1789 qui mettait en vente les biens de l'Église, fut encore une autre manifestation de ses efforts de fraternité humaine. Cette entreprise échoua

---

(1) Brissot, *Nouv. Voyage*, lettre XIIIe du t. I, et XXXIIe du t. II, et *Patriote fr.*, 4 juin 1791.

(2) *Patriote fr.*, 30 octobre et 2 décembre 1789.

(3) *Ibid.*, 16 juin 1791.

(4) *Ibid.*, 21, 24 novembre et 19 décembre 1789.

(5) Brissot, *Corresp.*, p. 252-253; Perroud, *Un projet de Brissot pour une association agricole*, dans *La Révolution fr.*, mars 1902, t. XLII, p. 260-265.

d'ailleurs, faute d'argent. Elle avait voulu s'inspirer de l'œuvre des Frères Moraves d'Amérique (1).

Brissot pensait, avec Rousseau, que la Révolution ne serait qu'un mal si elle ne provoquait pas un reflux de la population des villes vers les campagnes (2).

La vraie fraternité ne pourrait exister tant que subsisteraient des différenciations politiques reposant sur des distinctions de race. Par principe, l'esclavage s'oppose à la fraternité, comme aussi du reste à la liberté et à l'égalité. Ayant vu en 1789 un nègre mêlé à une patrouille de garde bourgeoise, Brissot déclarait promptement que désormais les différences de couleur n'étaient plus un obstacle à la fraternité entre les hommes. De bonne heure il avait embrassé la cause des noirs (3).

Condorcet lui aussi, considérait, dès 1781, les noirs comme des frères (4). Aussi ces deux hommes furent-ils parmi les premiers membres de la *Société des Amis des Noirs*, et le rôle important qu'ils y jouèrent, dès le début, et jusqu'à l'affranchissement des nègres (5) est trop connu pour qu'il soit besoin de s'y étendre ici. Nous nous contenterons de montrer qu'ils furent guidés par les sociétés américaines qui travaillaient pour l'abolition de l'esclavage. La *Société pour l'Affranchissement des Nègres* dont Mme Roland a parlé, et aux travaux de laquelle elle s'intéressait vivement (6), et cette *Société des Amis des Noirs* que Brissot et ses amis Carra, Valady et autres venaient de constituer en France sur le modèle de celle qu'avaient fondée en Angleterre les publicistes Granville Sharp et Clarkson, avaient pour objet unique de trouver des moyens de faire abolir la traite et l'escla-

---

(1) Mme Roland, *Lettres*, t. II, p. 77 et 743.

(2) *Patriote fr.*, 15 novembre 1789.

(3) *Patriote fr.*, 7 août 1789.

(4) Condorcet, *Œuvres*, t. VII, p. 63, *Réflexions sur l'esclavage*, 1781.

(5) Cahen, *La Société des Amis des Noirs et Condorcet*, dans *La Révolution fr.* de juin 1906, I., p. 481-511, et Ellery, *op. cit.*, p. 187-188 et 212, 443, ainsi que Cooper, *L'Attitude de la France envers l'esclavage pendant la Révolution*, passim.

(6) Mme Roland, *Lettres*, t. II, p. 33 et note, et nouv. série, t. I, p. 360.

vage (1). La Société de Londres, dont Brissot faisait également partie, s'inspirait surtout des Quakers américains. Celle de Paris, s'il faut en croire Brissot, sombra presque durant son absence aux États-Unis mais il est vrai qu'il n'y montra pas une grande activité avant le printemps de 1789 (2). C'est après son retour qu'elle fit de très grands progrès. Dès février, une réunion avait lieu pour écouter son rapport sur le problème de l'esclavage tel qu'il se présentait en Amérique. Il y exposait ce dont il avait été témoin aux États-Unis, ce qu'on y avait déjà fait pour les noirs et à l'égard de l'esclavage ; il y est question de l'instruction des nègres, et on y trouve aussi une explication des compromis de la Constitution des États-Unis sur ce point, comme de la foi qu'avait Brissot dans les capacités des noirs (3).

C'est que Brissot avait été fort encouragé dans cette voie par ce qu'il avait vu en Amérique, et en particulier dans ces œuvres de la Société des Quakers dont plusieurs avaient eu à cœur de le nommer membre honoraire (4). Il avait, là-bas, visité des écoles de nègres et acquis la conviction que, s'ils n'étaient pas tenus en infériorité par les blancs, ces pauvres gens étaient susceptibles de développement (5). Aussi, dès qu'il fut rentré en France, il voulut organiser des sociétés anti-esclavagistes, prêchant l'abandon du sucre de canne pour le sucre d'érable afin d'éviter aux noirs un travail écrasant et encourageant le retour des nègres en Afrique, avec ce double but de civiliser le continent africain et d'ouvrir à l'Europe des marchés nouveaux (6).

Il va sans dire qu'il appliquait aux noirs des colonies françaises les mêmes principes libéraux, et, pour ce qui concernait

---

(1) Brissot, *Mémoires*, t. II, p. 71-110, et Condorcet, *Œuvres*, t. VII, p. 138-140, *Sur l'esclavage des nègres.*

(2) La société de Londres avait été fondée en mai 1787. Voir Cahen, *La Société des Amis des Noirs et Condorcet*, p. 510-511, et Ellery, *op. cit.*, p. 184-189.

(3) *Mémoire sur les Noirs de l'Amérique septentrionale*, lu à l'Assemblée des *Amis des Noirs* le 9 janvier 1789.

(4) Ellery, *op. cit.*, p. 78-80.

(5) *Nouv. voyage*, t. II, p. 34.

(6) Ellery, *op. cit.*, p. 79; *Patriote fr.*, 31 décembre 1789.

Saint-Domingue, par exemple, il voulait qu'on donnât à cette île la même Constitution qu'à la France. « Est-ce le thermomètre qui doit régler les droits des hommes? » demandait-il, et il citait l'Amérique septentrionale où l'on ne trouvait pas moins de dix races d'hommes différentes, et qui n'en était pas moins le pays le plus libre (1).

Condorcet se plaignait lui aussi de ce que, après avoir reconnu que tous les hommes reçoivent leurs droits de la Nature (2), la Constituante ait cru devoir refuser ces droits aux races de couleur. Lorsqu'il s'agit d'admettre au sein de l'Assemblée les députés des planteurs, Condorcet approuva la loi qu'on avait proposée au Congrès des États-Unis et qui consistait à exclure tous ceux de ces hommes qui posséderaient des esclaves ou seraient mariés à une femme qui en aurait. Cette loi avait été repoussée au Congrès américain, les propriétaires d'esclaves étant là-bas bien trop nombreux, mais Condorcet émettait l'avis que cette difficulté n'existait pas en France, car là les planteurs n'étaient qu'une très petite partie de la nation (3).

S'il faut en croire Brissot et Condorcet, au sujet des troubles causés dans cette île par le retard apporté à l'envoi des décrets du 26 mars et du 15 mai 1792, autant que par l'empressement que l'on mit à expédier celui du 24 septembre (4), les États-Unis, et notamment l'Assemblée générale de Pennsylvanie, auraient prêté secours aux habitants de l'île (5).

Deux ans plus tôt, Brissot avait averti les Français que s'ils ne traitaient pas leurs noirs avec plus de douceur, ceux-ci trouveraient du soutien et un asile aux États-Unis où « ils jouiraient d'une plus grande liberté civile et politique ;... l'habitude et l'intérêt étaient tout ce qui les tenait à la France », et si l'on n'y prenait garde l'Amérique deviendrait

(1) *Patriote fr.*, 11 novembre 1789.
(2) Condorcet, *Œuvres*, t. X, p. 418-425.
(3) Condorcet, *Œuvres*, t. IX, p. 479-485.
(4) *Chronique de Paris*, 17 janvier et 22 mars 1792, et *Patriote fr.*, 3 décembre 1791.
(5) *Patriote fr.*, 4 décembre 1791.

aisément « la protectrice de toutes les isles à sucre qui sont dans son voisinage » (1).

Deux ans plus tard, il est vrai, Brissot était amené à reconnaître qu'il n'y avait point de danger que les Américains libres songeassent jamais à aider une révolte des colonies françaises (2).

Ce qu'il y a de certain, c'est que dans la question de l'esclavage, ni Brissot ni Condorcet ne demandaient l'abolition immédiate de cet ordre de chose. Le but de la *Société des Amis des Noirs*, était avant tout de supprimer la traite ; on verrait ensuite à supprimer progressivement l'esclavage. Il y avait un précédent dans la législation et dans l'opinion américaines, et tous deux savaient faire la différence, considérable, entre la suppression de la traite et un affranchissement total. La première nécessité était de préparer les noirs à la liberté (3).

Les législations américaines, soit dans la Caroline du Sud, soit en Virginie ou en Maryland, soit dans le Massachusetts, la Pennsylvanie et ailleurs encore, prévoyaient cet affranchissement graduel. De ce fait, Condorcet tirait la conclusion suivante : « Ainsi, l'abolition de l'esclavage des nègres fut regardée, par les différents États-Unis, et par le Sénat commun qui les représente, non seulement comme une opération que la saine politique conseillait, mais comme un acte de justice prescrit par l'honneur autant que par l'humanité. On ne peut pas jouir des droits de l'homme si on les viole en les défendant aux noirs » (4).

Pour encourager l'abolition de la traite, Brissot publia dans son journal, entre autres choses, une adresse de Franklin au public. Franklin y décrivait les progrès de la Société de Pennsylvanie qui avait été organisée pour travailler à l'aboli-

(1) *Ibid.*, 31 octobre 1789.
(2) *Ibid.*, 13 septembre 1791.
(3) *Patriote fr.*, 12 et 24 août et 1er décembre 1789. — *Chronique de Paris*, 11 septembre 1789.
(4) Condorcet, *Œuvres*, t. VII, p. 138-140 ; t. VIII, p. 51 ; *Patriote fr.*, 30 juin 1791, *Post-scriptum aux Réflexions de Condorcet sur l'esclavage des nègres* (tableau de la législation des Etats-Unis relativement à la servitude des noirs).

tion de l'esclavage, et au soulagement du triste sort des nègres libres injustement tenus en captivité (1).

Répondant aux planteurs qui objectaient que si on abolissait la traite, les étrangers introduiraient toujours des noirs par contrebande, il faisait observer qu'en Amérique du Nord, et malgré 500 lieues de côtes, on n'introduisait pas un seul noir clandestinement, parce que tout esclave qui y était importé devenait libre (2).

Le 3 janvier 1790, Brissot lut un mémoire devant la *Société des Amis des Noirs*. Il disait qu'en Amérique il n'existe aucune différence au point de vue moral et intellectuel entre les noirs et les blancs et que l'abolition de la traite n'a jamais produit, comme on se plaisait à le dire, de révolte parmi les noirs. Il concluait qu'on éviterait toute espèce de révolution en préparant par degrés la liberté de ces malheureux.

Il terminait d'ailleurs en assurant que les terres cultivées par des hommes libres produisaient autrement plus que celles qui étaient cultivées par des esclaves (3).

En cette occasion, comme en plusieurs autres circonstances, Brissot rompait une lance en faveur de l'abolition de la traite. Et il est indéniable que son influence, dans ce domaine, fut énorme (4).

Comme Brissot, Condorcet était considéré par les partisans de l'esclavage comme un des plus « dangereux membres »

(1) *Patriote fr.*, 14 janvier 1790.
(2) *Ibid.*, 27 février 1790.
(3) *Patriote fr.*, 11 janvier 1790. Il a offert un exemplaire de ce mémoire au Président de l'Assemblée (Brissot, *Corresp.*, p. 247).
(4) *Société des Amis des Noirs dirigée par un Brissot*, LXXVIII. Pamphlet, *Avis aux Français sur les clubs*, mars 1791 (Aulard, *Société des Jacobins*, t. II, p. 262). Brissot fut président aux Jacobins le 3 octobre 1791 (Aulard, *Ibid*, t. III, p. 158). On considère que c'est Brissot qui a gagné l'affaire des colonies, « c'est-à-dire qu'on a décrété que les gens de couleur seront citoyens actifs » (Décret du 28 mars 1792). Il avait consacré vingt écrits à défendre la cause des noirs (Brissot, *Corresp.*, p. 284. *Mémoires*, t. II, p. 106. Voir aussi Aulard, *op. cit.*, t. II, p. 412, séance du 11 mai 1791). On citait Brissot aux séances de 1789 du Club Massiac (Cahiers de procès-verbaux des séances de la *Société des Colons* réunis à l'hôtel Massiac, Arch. nat., Dxxv, n° 85).

de la *Société des Amis des Noirs* (1), et, lors de l'ouverture des États Généraux, il fut chargé avec lui, par cette Société, de surveiller la législation et de défendre les droits des nègres s'ils couraient le moindre danger. La Société avait d'ailleurs pris les devants, en faisant distribuer aux députés 3.000 exemplaires d'un pamphlet sur la nécessité d'abolir l'esclavage et sur les moyens d'y parvenir. On sait que ces efforts ne devaient pas être vains, puisque la loi du 28 mars 1792 accordait les droits civils aux mulâtres, et que deux ans plus tard intervenait le décret qui abolissait l'esclavage.

(1) *Patriote fr.*, 28 février 1791. Les procès-verbaux de la *Société des Amis des Noirs* (à l'Institut parmi les papiers de Condorcet) s'arrêtent au 8 juin 1790, mais elle a existé aussi tard que juillet, de plus en plus inactive après la victoire de mars, d'après les registres de la société anglaise (Ellery, *op. cit.*, p. 189 et 212).

CHAPITRE III

SOUVERAINETÉ NATIONALE
POLITIQUE DÉMOCRATIQUE ET RÉPUBLICAINE
DE BRISSOT, DE CONDORCET ET DE Mme ROLAND

I. — Forme de gouvernement.

Nous avons vu comment Brissot, Condorcet et Mme Roland
se sont servis des précédents américains dans leur demande
d'une Déclaration des Droits de l'Homme et dans l'interprétation et l'application de ces droits. Mais ces droits une fois
établis, comment s'assurer de leur durée et que la nation ne
retomberait pas sous le despotisme? Le secret de leur préser-
vation, Brissot, Condorcet et Mme Roland le voyaient dans la
souveraineté du peuple ou souveraineté nationale, qui dérive
de l'égalité. Puisque la source du pouvoir réside dans le
peuple, c'est lui qui est le souverain, et toutes les lois émanent
de lui. C'est l'idée de Locke, de Rousseau et de Mably (1),
mais elle est particulièrement bien exprimée par l'Américain
Thomas Paine dans *Les Droits de l'Homme*, et c'est en
Amérique, plus que partout ailleurs à cette époque, que ce
principe avait été reconnu par la Constitution fédérale et
celle de chacun des États.

Même aux États-Unis il y avait des aristocrates, Washington
et Hamilton par exemple, qui redoutaient le peuple et vou-

(1) *Patriote fr.*, 12 juillet 1790 et 24 septembre 1790.

laient donner le plus de pouvoir possible à l'Exécutif. On parlait même d'un roi constitutionnel. Jefferson, au contraire, avait beaucoup de confiance dans le peuple et dans l'autonomie des États. Or, les idées de Brissot se rapprochent plutôt de celles de Jefferson. Il avait lui aussi, beaucoup de confiance dans le peuple et dans la force de l'opinion publique. Pour lui, le peuple est essentiellement bon, et il est toujours juste s'il n'est pas aveuglé par des chefs intéressés. Il reconnaissait, toutefois, que tous les Français n'étaient pas encore mûrs pour se gouverner eux-mêmes et qu'il fallait avoir de la patience (1).

Désireux de prouver que le peuple est essentiellement bon, Brissot citait l'exemple des patriotes d'Amérique qui, lorsque les royalistes « avaient porté le fer et la flamme dans leur propre pays », les avait rappelés aux États-Unis quand le danger était passé (2).

Mme Roland était du même avis. Dans une lettre à un député de l'Assemblée nationale au sujet du pillage des châteaux, elle dit : « J'ai reconnu que, même dans ses excès, le Peuple avait une justice qu'on a tort de ne pas reconnaître, mais qui est-ce qui se donnera la peine de l'étudier (3) » ?

Pour appuyer sur ce principe que les lois sont faites au nom du peuple et non de ses représentants, et pour rappeler constamment au peuple sa souveraineté, Brissot cite encore l'exemple du Congrès américain qui fait ainsi débuter ses actes : *Les États-Unis assemblés en Congrès* ; il cite aussi les lois de Pennsylvanie promulguées par *les habitants libres de Pennsylvanie en assemblée générale* (4).

Pour sauvegarder la souveraineté du peuple, les États-Unis s'étaient constitués en République et c'est cette forme de gouvernement que Brissot, Condorcet et Mme Roland préfèrent pour la France. Ils ne sont pas d'accord avec Rousseau

---

(1) *Patriote fr.*, 10 et 25 août; 10 novembre 1789; 30 septembre 1790.

(2) Buchez et Roux, *op. cit.*, t. XII, p. 168, séance de l'Assemblée législative du 20 octobre 1791.

(3) Lettre de Lyon, 14 août 1789 dans *Le Patriote fr.*, 25 août 1789 (attribuée à Mme Roland). Cf. Mme Roland, Lettres, t. II, p. 104.

(4) *Patriote fr.*, 16 septembre 1789.

qu'une République ne convient qu'à un petit pays. Brissot montre là encore l'exemple des États-Unis qui sont un grand pays mais qui ne veulent pas de roi, et n'en ont pas besoin bien qu'ils soient dix fois plus étendus que la France (1). Il attribue cette antipathie de l'Amérique pour l'idée de monarchie à Thomas Paine qui a écrit : « Lorsqu'un roi héréditaire peut être ou imbécile, ou ignorant, ou fou, ou tyran, la royauté héréditaire est nécessairement une absurdité par essence ; on peut donc, et on doit donc se passer de roi héréditaire » (2).

Il prouve au moyen des États-Unis qu'une république peut être stable puisque depuis 1783 la tranquillité, l'union, l'abondance y ont régné (3).

Condorcet déclare lui aussi qu'une monarchie n'est pas nécessaire dans un gouvernement où les pouvoirs sont bien organisés ; que la liberté de la presse, l'usage presque universel de la lecture, ne permettent plus, même à un nouveau Cromwell, de pouvoir aspirer à la tyrannie. Il ajoute que l'étendue de la France est plus favorable que contraire à l'établissement d'un gouvernement républicain. Pour lui l'hérédité du trône est un danger (4). Il est vrai qu'il défendit la monarchie pendant quelque temps lorsqu'il pensait que l'heure n'était pas venue d'établir la République. La proposition n'en a été faite qu'après la fuite du roi (5). Mais au fond ses idées furent toujours républicaines et il espérait fonder en France un gouvernement selon ces principes. C'est dans cette intention qu'il publia *Le Républicain* avec Étienne Dumont, Du Châtelet, Paine et Brissot (6). Dès juillet 1791, il

<hr>

(1) *Ibid.*, 21 octobre 1790.

(2) *Patriote fr.*, 24 juin 1791.

(3) *Ibid.*, 18 janvier 1790, *Proclamation du Président des États-Unis*, du 3 octobre 1789.

(4) *Patriote fr.*, 17 juillet 1791, Discours sur le républicanisme devant le Cercle social, le 9 juillet.

(5) Condorcet, *Œuvres*, t. I, p. 582, *Fragment de justification*, 1793, et p. 609, 610, *Fragment*, 1794. Pour ses idées sur la monarchie avant 1791, voir : t. VII, p. 27-59. *Réponse au premier plaidoyer de M. d'Espresmenil dans l'affaire du comte de Lally*, 1781 et t. IX. p. 266, *Réflexions sur les pouvoirs*, 1789.

(6) Brissot, *Correspondance*, p. 273.

ne cacha plus son opinion sur l'absurdité de la royauté (1).

Comme Brissot, comme Mme Roland, Condorcet avait en effet une admiration sans bornes pour les Républiques de la Grèce et de Rome, pour Caton, pour les Gracques, pour Brutus. Pourtant ces anciennes républiques et municipalités n'offraient guère d'exemples très concrets. Ce qui les fortifiait tous trois dans leurs idées, c'était d'avoir sous les yeux une jeune république active et vivante. Ils y trouvaient leur modèle et les républicains d'Amérique les encourageaient à les imiter ; du moins les encouragèrent-ils jusqu'à ce que l'exécution du roi et les excès qui suivirent, sous le règne de la Terreur, eussent provoqué une réaction de l'opinion. Pendant son procès, Brissot dit qu'en été 1791 il avait retardé l'établissement d'une république mais seulement parce que les Français n'étaient pas tous également mûrs pour la liberté et la raison ; l'usage de la liberté amènerait celui de la raison. L'idée que John Adams ne voyait pas beaucoup de possibilité de liberté en France lui causait du chagrin ; à son avis les Français avaient le droit de préparer la République même s'ils n'étaient pas encore mûrs pour le régime républicain (2).

Brissot, Condorcet et Mme Roland voulaient donc une République, mais leur rêve se réalisa plus vite qu'ils ne s'y attendaient par des émeutes comme celles des 20 juin, du

(1) Condorcet dit qu'un républicain peut être d'avis de conserver provisoirement une race régnante, jusqu'à ce qu'une trahison bien claire, bien prouvée, en ait rendu l'expulsion possible sans de grandes convulsions comme celles de juin 1791, mais que jamais un républicain ne voudrait d'une nouvelle dynastie, parce qu'elle ne pourrait être qu'un moyen de perpétuer la royauté (*Chronique de Paris*, 5 septembre 1792).

C'est la fuite du roi à Varennes qui a modifié les idées de Condorcet sur la monarchie. C'est cet événement qui a poussé Brissot à demander la déchéance du roi et à rédiger la pétition lue devant le club des Jacobins le 16 juillet 1791 (d'après Bonneville dans la *Bouche de fer* du 17 juillet).

Cette pétition déclare que les soussignés ne reconnaîtront jamais Louis XVI pour leur roi, *à moins que* la majorité de la nation n'émette un vœu contraire à celui de la présente pétition, en vue des crimes qu'il a commis. — Buchez et Roux, *Histoire parlementaire de la Révolution française*, t. X, p 445, juillet 1791. — Voir aussi Aulard, *Société des Jacobins*, t. III, p. 42 et 209.

(2) Brissot, *Nouv. voyage*, t. I, p. 146, 147 ; *Patriote fr.*, 24 septembre et 19 décembre 1790.

10 août et des premiers jours de septembre, événements regrettables en eux-mêmes, mais, selon les révolutionnaires, inévitables dans un changement de gouvernement. D'après eux, ce fut
la faute du roi et de ses ministres si la Constitution ne fonctionna
pas mieux ; c'est le roi qui, en méprisant la Constitution et en
trahissant la France, rendit nécessaires les effusions de sang.

L'influence de ces trois Girondins dans l'établissement de la
République est bien constatée par plusieurs écrivains (1). Ils
furent les véritables chefs du mouvement révolutionnaire
jusqu'à la Convention, et Condorcet continua à l'être jusqu'au
moment où il combattit la Constitution proposée par le parti
de Robespierre.

Toutes nos recherches confirment la part qu'ont prise ces
chefs dans la chute de la monarchie; il suffit de rappeler que
Mme Roland fut l'auteur de la célèbre lettre au roi, lettre qui
fut cause, il est vrai, de la démission de son mari, mais qui
en même temps, lue devant l'Assemblée législative, donna aux
députés le courage de défier le souverain. Après le 10 août,
elle reçut des félicitations pour avoir réussi à faire tomber la
monarchie (2).

Les massacres de septembre, sur lesquels Roland voulait
« laisser un voile », sur lesquels Brissot et Condorcet prétendaient « tirer un rideau », aucun des trois ne fit beaucoup pour
les empêcher, parce qu'ils crurent d'abord qu'il s'agissait de
mouvements populaires. Pourtant, lorsqu'ils reconnurent que
la Commune de Paris les avait préparés à l'avance, qu'elle
avait vidé les prisons des détenus pour dettes et autres délits
afin de n'y laisser pour l'extermination que des prêtres réfractaires et des aristocrates unis à l'ennemi qui marchait sur
Paris ; lorsqu'ils surent que Danton avait eu connaissance de
ce plan et que les massacreurs étaient payés pour leur sinistre
besogne, alors ils ne les excusèrent plus (3). Ils demandèrent

(1) Voir entre autres, Cahen, *Condorcet et la Révolution française*;
Ellery, *op. cit.*, Tarbell, *op. cit.*, Alengry, *op. cit.*

(2) Arch. nat., Carton 294, dossier 227. Lettre de M. Charlemagne Tailleirs (Perrigny.)

(3) Buchez et Roux, *op. cit.*, t. VII, p. 155; Sagnac, *La [Révolution*
dans Lavisse, *Histoire de France contemporaine*, t. I, p. 397-407;
Chronique de Paris, 4, 7 et 12 septembre 1792 et 21 janvier 1793.

que les responsables en répondissent devant la justice. La Révolution dépassait les limites qu'ils lui avaient fixées. Ils avaient déchaîné la populace et ils étaient étonnés de ne plus pouvoir la contenir. Ils voulurent alors prêcher le retour à l'ordre, l'obéissance à l'Assemblée législative, à qui le peuple eût laissé le soin de diriger les choses. Condorcet, tout en reconnaissant que la Commune de Paris avait rendu de grands services à la patrie dans la journée du 10 août, exprima l'avis qu'elle devait en rester là (1).

On a accusé les chefs des Girondins de fédéralisme, de vouloir établir en France une république fédérale, d'après le système américain, de souhaiter indépendants de Paris les 83 départements. Par *fédéralisme* on entendait plutôt une confédération des départements et le mot n'avait pas le même sens en France qu'en Amérique, où le gouvernement fédéral est très fortement centralisé et très uni, tandis que les fédéralistes français avaient en vue un état très décentralisé. Les Girondins favorisaient plutôt la décentralisation, mais ni Brissot ni Condorcet ne voulaient partager le pays en États plus ou moins indépendants; ils ne voulaient pas davantage d'ailleurs d'un gouvernement central qui ne laisserait aucune autorité, aucune initiative aux départements. Brissot affirmait que les républicains ne désiraient qu'un gouvernement représentatif, duquel les 83 départements seraient 83 fractions, coordonnées les unes aux autres et toutes réunies dans l'Assemblée nationale (2). Dans ses *Mémoires* il dit n'avoir pas cessé de répéter que la Convention était toujours le noyau central autour duquel les départements devraient se ranger et il ajoute avoir constamment soutenu le grand principe de l'unité et de l'indivisibilité de la République (3).

Bien que Brissot admirât beaucoup le plan d'un gouvernement fédératif tel que l'exposait *Le Fédéraliste* (4), il ne vou-

(1) *Chronique de Paris* 12 et 31 août 1792.
(2) *Patriote fr.*, 1789, 1791 *passim* ; 8 juillet 1791, cité par Brissot dans son *Projet de défense* (Brissot, *Mémoires*, t. II, p. 338-339).
(3) Brissot, *Mémoires*, t. II, p. 263.
(4) Il recommande *Le Fédéraliste* comme manuel à l'usage des membres de la Convention (*Patriote fr.*, 4 octobre 1792).

lait ni une démocratie pure ni un état fédéral. Aussi approuve-t-il ceux qui s'élèvent contre les *républicains* : « Craignant l'anarchie, la voyant dans les assemblées tumultueuses, ils redoutent, ils détestent les démocrates d'Athènes et de Rome, ils redoutent la division de la France en républiques fédérées ; ils ne veulent que la Constitution française, la Constitution représentative : *ils ont raison* » (1).

D'ailleurs, il ne croyait pas, comme Cloots, à une république universelle, mais partageait plutôt l'avis de Thomas Paine, que le Rhin, les Alpes, les Pyrénées et l'Océan sont les limites naturelles de la République française (2).

Dans sa défense contre les accusations de fédéralisme que l'on faisait peser sur lui, Brissot affirme que Bonneville, Condorcet et lui-même défendaient seuls le républicanisme contre les Feuillants et même contre les Jacobins de Paris, « qui tremblaient au seul nom de républicain » ; qu'il s'était prononcé ouvertement contre la République fédérative dans son discours du 14 juillet 1791. A la Convention il vota pour la République unique. Aux partisans de Robespierre qui essayaient de prouver que Brissot était fédéraliste parce qu'il avait fait l'éloge du *Fédéraliste*, il répondait : « Cet ouvrage est fait contre le fédéralisme, pour ramener à l'unité de gouvernement » (3).

Il est certain que Condorcet était opposé à une séparation entre les départements et Paris, c'est-à-dire à un système de républiques confédérées. « Paris sait », dit-il, « qu'il ne peut subsister que par les départements, et les départements savent que sans un premier foyer de liberté une nation dispersée serait nécessairement esclave » (4). Il voit dans *Le Fédéraliste*

(1) Aulard, *La Société des Jacobins*, t. II, p. 608. *Discours sur la question de savoir si le roi peut être jugé*, prononcé à l'assemblée des *Amis de la Constitution* dans la séance du 10 juillet 1791, par J.-P. Brissot, membre de cette société. (On a ordonné à l'unanimité l'impression et l'envoi de son discours à tous les membres de l'Assemblée nationale et à tous les départements.)

(2) Buchez et Roux, *op. cit.*, t. XX, p. 122-158. *Discours à tous les Républicains de France sur la Société des Jacobins de Paris*, J.-P. Brissot, député à la Convention nationale, 24 octobre 1792.

(3) Buchez et Roux, *op. cit.*, t. XX, p. 140.

(4) *Chronique de Paris*, 1er novembre 1792.

un excellent modèle. Cette discussion sur l'adoption d'une nouvelle constitution lui paraît sans danger dans un pays où existe la liberté de la presse et de la parole et où les mœurs sont simples. Pour lui, la raison doit triompher à la fin. Il a repris l'idée de quelques Français qui soutenaient que les treize États de l'Amérique du Nord étaient d'une trop grande étendue pour se trouver réunis dans un système général, et qu'il avait fallu nécessairement diviser ce tout en quelques portions isolées, par des confédérations partielles (1) ; mais il ne faudrait pas chercher là une preuve de son fédéralisme, car à maintes reprises, en 1789, 1790, 1792 et 1793, il s'est exprimé nettement contre cette doctrine. Il n'a jamais voulu ni du fédéralisme girondin, ni du fédéralisme américain (2).

II. — Séparation des pouvoirs.

I. — Pouvoir législatif.

Brissot, Condorcet et Mme Roland étaient donc de vrais républicains et ils s'en tenaient à une République comme forme de gouvernement pour la France. Dans ce gouvernement, ils voulaient une séparation des pouvoirs. Ils en avaient pu trouver la théorie dans *Le Contrat Social* et dans *L'Esprit des lois,* mais c'est l'Amérique qui leur en fournissait l'exemple pratique. Brissot et Condorcet, qui avaient vu les efforts malheureux d'une concentration des pouvoirs entre les mains d'un seul, recouraient au système d'équilibre de la Constitution américaine. Ils admiraient certainement *Le Fédéraliste* où Hamilton, Madison et Jay montraient en 1789 comment, dans ce système de freins et contrepoids, chacun des trois pouvoirs est à la fois suprême et dépendant des autres. Le Congrès peut faire un projet de loi, mais l'Exécutif peut l'empêcher par son veto, alors la branche législative, en considérant de nou-

(1) *Ibid.*, ibid.
(2) Condorcet, *Œuvres*, t. XII, p. 423, cité par Alengry, p. 427 et 428. Voir aussi la Constitution Girondine, titre I, art. Ier.

veau ce projet, peut déclarer que la loi est valable malgré le veto, si deux tiers des membres des deux Chambres l'acceptent. Même si l'Exécutif approuve la loi nouvelle, le pouvoir judiciaire peut déclarer qu'elle n'est pas constitutionnelle. A son tour la Législative peut mettre en accusation les membres de la Cour Suprême. Par ce système, on évite une législation trop hâtive, et, bien que l'on empêche quelquefois le passage de lois utiles, la volonté de la majorité a ainsi une possibilité de s'exprimer.

Brissot et Condorcet connaissaient tous deux le livre de John Adams, *Défense des Constitutions américaines*, ou *De la nécessité d'une balance dans les pouvoirs d'un gouvernement libre*, dans lequel le grand homme d'État américain a défendu le système de la triple division du pouvoir (1).

Brissot cite à plusieurs reprises l'exemple américain pour démontrer que les trois pouvoirs doivent être tout à fait séparés. « Il ne faut pas », dit-il, « que le représentant du peuple puisse être en même temps fonctionnaire du pouvoir exécutif. C'est un principe inviolable en Amérique ; il est violé quelquefois en Angleterre, mais il faut que le peuple y consente, en réélisant celui qui a été appelé dans le ministère » (2). Il était pénétré de cette vérité exprimée par Montesquieu que la puissance de juger doit être séparée de la puissance législative et exécutive, car « si elle était jointe à la puissance législative, le pouvoir sur la vie et la liberté des citoyens serait arbitraire, car le juge serait législateur. Si elle était jointe à la puissance exécutrice, le juge pourrait avoir la force d'un oppresseur » (3). Ses efforts dans ce sens ne furent pas sans résultat, puisque l'Assemblée décida que tous les pouvoirs émaneraient de la nation, que le pouvoir législatif appartiendrait à l'Assemblée, le pouvoir exécutif au roi et que « le pouvoir judiciaire ne

---

(1) *Chronique de Paris*, 10 mars 1792. Cf. plus haut, p. 17.
(2) *Patriote fr.*, 17 mars 1790.
(3) Cité par Polverel. Voir Aulard, *Société des Jacobins*, p 194, *Sur la Cour de cassation*, lu à la *Société des Amis de la Constitution* le 16 juillet 1790 et imprimé par son ordre.

pourrait en aucun cas être exercé par le roi ni par le corps législatif » (1).

Parce qu'ils croyaient profondément à la souveraineté du peuple, Condorcet et Brissot pensaient que la source du pouvoir était dans le corps de ses représentants, c'est-à-dire dans l'assemblée législative. Ils redoutaient le despotisme et aussi l'anarchie. C'est par crainte du despotisme qu'ils voulaient dépouiller le roi de beaucoup de son autorité pour la donner à l'Assemblée.

Une question très importante, et très étroitement liée à celle des prérogatives royales, fut de savoir si le pouvoir législatif serait confié à une seule chambre ou à plusieurs. Condorcet était opposé au système des deux chambres tel qu'il était pratiqué en Angleterre, parce qu'il lui reprochait de laisser trop de pouvoir à la noblesse. Il était plutôt de l'avis de Thomas Paine qui préconisait une seule chambre, divisée en deux sections égales pour la discussion (2). Il trouvait meilleur encore le système des États-Unis : « En Angleterre... », dit-il, « il n'existe aucun moyen légal d'établir une loi nouvelle, d'en détruire une ancienne ; la nation n'a qu'un moyen indirect, celui d'y forcer par son refus de consentir et d'autres mesures les deux autres parties de la puissance législative ; et c'est un grand vice, que toute nation sage aura soin d'éviter dans sa constitution. Ce vice n'existe pas dans les États-Unis : leur puissance législative est divisée en plusieurs corps, mais en plusieurs corps de représentants du peuple, qui, sous une forme plus ou moins compliquée, plus ou moins bonne, ont le pouvoir de changer les lois nuisibles. Ainsi, le despotisme direct existe en Angleterre, et n'existe pas en Amérique » (3).

Il pensait qu'à la place d'une chambre des pairs il serait bon d'établir une chambre composée d'hommes éclairés, à laquelle on attribuerait le droit de refuser jusqu'à deux fois son consen-

(1) Cf. n° 3, p. 76 et aussi Duguit, *op. cit.* p. XII.
(2) *Chronique du mois*, numéro de juin 1792, p. 6 et suiv.
(3) Condorcet, *Œuvres*, t. IX, p. 151. *Idées sur le despotisme*, 1789. Pour les vues de Condorcet sur l'organisation de la Législative voir sa seconde *Lettre d'un Citoyen des États-Unis à un Français*, Philadelphie, 1788 (*Œuvres*, t. IX. p. 95).

tement aux propositions de l'Assemblée nationale, en lui accordant un terme fixé pour donner par écrit les motifs de son refus, motif que l'Assemblée nationale examinerait (1). Les citoyens n'auraient plus à craindre le pouvoir illimité d'une seule chambre, car ils seraient protégés par la Déclaration des Droits et par « l'établissement d'une manière légale de réformer la Constitution » (2). Il pensait que la composition d'une seconde chambre, qu'il aurait préféré qu'on appelât Conseil national plutôt que Sénat, devrait être la même que celle de l'Assemblée nationale, qu'elle devrait être élue de la même manière, réélue aux mêmes époques, et avoir pour fonctions d'examiner et de discuter les décrets préparés dans l'Assemblée nationale. On devrait lui accorder cependant un droit particulier, celui de suspendre la publication des décrets de l'Assemblée, pour un temps déterminé. par un *veto absolu*; mais elle n'aurait que le droit d'examen, et jamais ni voix délibérative, ni séance avec l'Assemblée des représentants. Elle ne serait donc en rien une chambre supérieure (3).

Il est donc évident que Condorcet ne voulait ni du système anglais ni du système américain sans modification. Il nous confirme dans cette opinion quand il écrit en 1790 : « ... Si on vous a dit que je m'occupe des moyens d'établir deux chambres, c'est une grande bêtise ; car je crois avoir arithmétiquement démontré que cet établissement est absurde » (4).

Brissot voulait une Chambre unique et permanente, et son idée se retrouve dans la Constitution. Il pensait que cette Chambre devrait être chargée d'examiner les lois avec le seul droit de suspendre la législation. Nous pouvons dire cependant que Brissot aurait été content en 1789 de voir établir un Sénat et une Chambre des représentants d'après le système

---

(1) Condorcet, *Œuvres*, t. IX. p. 333-364. *Examen de cette question : Est-il utile de diviser une assemblée nationale en plusieurs chambres ?* 1789. Cf. aussi la 2ᵉ *Lettre à M. le comte Mathieu de Montmorency*, (*Œuvres*, t. IX, p. 377-391), les *Réflexions sur ce qui a été fait et ce qui reste à faire*, 1789. (*Œuvres*, t. IX, p. 441) et la *Réponse à l'adresse aux provinces*, 1790 (*Œuvres*, t. IX, p. 487).

(2) Condorcet, *Ibid.*, t. IX, p. 359.

(3) *Ibid.*, p. 377-391.

(4) *Ibid.*, t. I, p. 328, *Condorcet à Mˣˣˣ*, 1790.

américain ; seulement il pensait qu'une seule Chambre expri-
merait plus directement la volonté du peuple (1). Il faut nous
rappeler qu'en Amérique la plupart des États, tout comme le
gouvernement fédéral, avaient deux Chambres, généralement
un Sénat et une Chambre des Représentants ; et pendant toutes
les discussions qui eurent lieu en 1789 sur la future Constitution
française, c'était vers le système américain qu'on se tournait
comme vers une Bible nouvelle, à expliquer mais pas à ques-
tionner comme l'a dit Jefferson (2).

Il est intéressant de remarquer qu'au printemps de 1792 le
parti constitutionnel avait décidé l'établissement d'une seconde
Chambre (3) soutenant ainsi le principe du *Fédéraliste* qu'une
« République ne peut pas vivre sans un sénat (4) ».

Dans l'organisation de l'Assemblée législative, on adopta
dans une grande mesure les usages parlementaire des Américains, grâce surtout à l'insistance de Brissot. D'abord, il
recommanda qu'au lieu de discuter devant l'Assemblée, pendant des heures, les questions les plus triviales, on formât des
comités préparatoires, qui examineraient les décrets, et, par
une discussion préliminaire, proscriraient les choses sans
importance ou hors de la question (5).

A son avis, on n'avait pas assez compris le véritable sens
des comités américains, qui étaient plutôt des commissions
spéciales. Les comités permanents, tels que l'Assemblée
nationale les avait établis, étaient une menace à la Constitution, selon lui. On avait emprunté le mot à l'Angleterre et à
l'Amérique mais non la chose que désignait ce mot dans les
pays anglo-saxons, puisque ni l'un ni l'autre de ces deux pays
n'avaient de comités de ce genre (6). Brissot approuva le plan
proposé plus tard par Beauharnais qui voulait diviser l'Assemblée en comités préparatoires. L'Assemblée l'avait adopté en

(1) *Patriote fr.*, 22 mai 1791.
(2) *Writings of Jefferson*, Lettre à Madison, 28 août 1789, vol. V,
p. 108-110.
(3) Esmein, *Gouverneur Morris*, chap. IV, p, 210.
(4) *Le Fédéraliste*, nᵒˢ LXII et LXIII, p. 521-533.
(5) *Patriote fr.*, 30 juillet et 9 septembre 1789.
(6) *Ibid.*, 13 octobre 1791.

partie puisqu'elle nommait des comités pour toutes les branches d'affaires différentes (1). Il pensait qu'on devait réduire le plus possible le nombre des comités, d'après l'exemple du Congrès américain, et que trois suffiraient, puisque les commissions spéciales pourraient faire tout ce que les comités ne feraient pas (2).

Pour les discussions préliminaires il préférait « l'Assemblée générale au comité général; le comité général aux commissaires spéciaux ; les commissaires spéciaux aux comités temporaires, et jamais de comités permanents (3), » citant l'exemple du Congrès qui avait constitué le gouvernement des États-Unis pendant les *Guerres françaises et indiennes* et qui avait dirigé les affaires intérieures et extérieures avec très peu de comités temporaires, les projets ayant été préparés par des commissions spéciales, nommées cependant *comités*. Il semblait à Brissot que ce principe conviendrait aux Français. Les Américains préfèrent « discuter plus longtemps », dit-il, « que discuter rapidement et décréter servilement le projet des comités ». Cependant on devrait, ajoutait-il, adopter l'usage des comités préparatoires, afin d'avoir constamment un rapport qui servirait de canevas, ce qui éviterait de perdre du temps en discussions préliminaires (4).

En Amérique, on imprimait les projets d'actes dans toutes les gazettes un mois avant la discussion, et Brissot aurait voulu qu'on fît de même en France, surtout pour les liquidations, puisque le public serait mieux renseigné sur ce sujet qu'un Comité de liquidation, et qu'il pourrait fournir des lumières utiles (5).

Brissot s'appuyait sur l'exemple des pays libres, y compris l'Amérique, dans tous les détails du parlementarisme; c'est

(1) *Ibid.*, 3 décembre 1789 : *Discours sur l'organisation des Comités*, destiné à être prononcé à l'Assemblée nationale le 12 octobre 1791 par J.-P. Brissot, député; prononcé aux Jacobins le 14 octobre.

(2) *Ibid.*, 13, 16 et 17 octobre 1791 (On a fait un décret le 16 octobre disant que 23 comités seraient élus dans les bureaux en un scrutin de liste simple et à la pluralité relative).

(3) *Ibid.*, 15 octobre 1791.

(4) *Patriote fr.*, 9 septembre 1789.

(5) *Patriote fr.*, 8 septembre 1789 et 11 février 1791.

ainsi, par exemple, qu'il voulait interdire au président le droit d'opiner sur les matières mises en délibération, et demandait aussi qu'il se bornât à expliquer l'ordre ou le mode de procéder pour la délibération (1). Sous ce rapport il louait beaucoup deux articles du Règlement de Police et de Discipline intérieure préparé par Condorcet, et notamment celui qui veut que le Président n'opine pas sur les questions mises en discussion. Le second article prévoyait, lorsqu'une question était insuffisamment étudiée et exigeait plutôt une conversation qu'un débat, la formation de la Chambre en Comité général, ce qu'on appelle en Amérique *Committee of the whole* (2).

Brissot désirait aussi qu'on discutât séparément chaque point, qu'on s'attachât à une seule proposition, et surtout qu'on mît plus de calme et de sérénité dans les discussions. Il espérait qu'avec la liberté tous les Français apprendraient l'art d'écouter et celui de parler brièvement, et que l'influence des avocats, que l'on trouvait volontiers trop nombreux dans les assemblées, diminuerait d'autant, comme cela s'était justement produit en Amérique (3).

Jugeant les Français « plus susceptibles d'enthousiasme que tous les autres peuples », Brissot pensait qu'il fallait mettre un intervalle de quelques jours entre la discussion et la décision, comme on le faisait dans les sociétés libres qui se défiaient de l'enthousiasme. Il n'aimait pas la « précipitation avec laquelle les questions se proposent, se discutent, se décident, se succèdent, s'accumulent ». Il dit qu'on décide dans une seule matinée, le sort de plusieurs questions, dont la discussion en Angleterre et en Amérique aurait utilement employé plusieurs jours. Nous nous rappelons cependant que pendant la discussion de la Déclaration des Droits il se plaignait qu'on manquât de vitesse (4).

Condorcet voulait lui aussi des discussions approfondies sur les questions importantes, et rappelait le conseil de

______

(1) *Ibid.*, 15 novembre 1789.
(2) Comité de l'ensemble. Voir *Patriote fr.*, 15 novembre 1789.
(3) *Ibid.*, 9 et 21 octobre et 16 novembre 1789.
(4) *Patriote fr.*, 4 août et 8 septembre 1789.

Franklin de prendre tout le temps nécessaire (1). C'est par une libre discussion des faits qu'on donne appui à la vérité, et qu'on donne la force à l'opinion publique, dit-il. « C'est par les heureux effets de cette discussion qu'on a vu, il y a peu d'années, les citoyens de l'Amérique, forcés, en rompant leurs liens avec l'Angleterre, de briser en un jour tous les ressorts de leur gouvernement, s'en créer de nouveaux au milieu des troubles de la guerre, et étonner, par la sagesse de leurs lois, les nations les plus éclairées de l'ancien hémisphère » (2).

Condorcet voulait encore suivre l'exemple des Américains pour la manière de voter, autrement dit il proposait de voter par scrutin, pour tous les genres de délibération, sauf dans les cas où l'objet en serait très simple, et où il ne pourrait y avoir à répondre que oui ou non, et où, en même temps on exigerait l'unanimité. Dans les autres cas, il trouvait qu'on devait exiger des avis écrits. Pour Condorcet cette méthode est plus nécessaire en France que partout ailleurs, parce qu'il y existait tant d'inégalités, et que, grâce à ce système, les hommes sont moins enclins à se laisser influencer par d'autres votants. Dans un pays où tous les citoyens sont égaux, cette méthode était, à l'en croire, moins indispensable.

En parlant des élections, Condorcet ajoute la réflexion suivante : « ... il est indispensable de fixer un nombre dont le concours soit nécessaire pour rendre l'élection valide. Cette règle doit être générale pour toute espèce de délibération ; elle est établie en France pour les jugements, et dans les États-d'Amérique pour tous les actes des différentes assemblées qui font partie de la Constitution... » (3).

En citant constamment l'exemple des États-Unis, il est naturel qu'on ait fini par employer des termes empruntés au parlementarisme américain ; notons, par exemple, le mot *législature*. Brissot faisait remarquer qu'il signifie en Amérique l'Assemblée législative et qu'on devait lui donner le

---

(1) *Chronique de Paris*, 21 décembre 1791.

(2) Condorcet, *Œuvres*, t. VIII, p. 258, art. 7, *Sur les Assemblées provinciales*.

(3) Condorcet, *Œuvres*, t. VIII, p. 206, 208-209, *Sur les Assemblées provinciales*, 1788.

même sens en le naturalisant en France. Mais quelques-uns entendaient par ce terme, la durée d'une Assemblée, et pour éviter toute confusion on convint d'appeler *Législature* « le Corps des Représentants de la Nation, en tant que réunion ; or leurs missions pouvaient être d'un certain nombre d'années, quoique, toute l'année, ils ne siégeassent pas réunis. La Législature sera permanente, et l'Assemblée sera périodique » (1).

Nous avons déjà remarqué que Brissot lui-même se trompait en appelant le Président des États-Unis le *Président du Congrès* (2).

II. — Pouvoir exécutif.

La Constitution a bien décidé que la France serait une monarchie, dit Condorcet (3), et les autres Girondins sont d'accord avec lui au début de la Révolution, comme nous l'avons montré plus haut. Cependant ils ne voulaient pas d'une monarchie absolue et lorsqu'ils proposèrent des restrictions au pouvoir exécutif, il est tout naturel qu'ils aient pensé aux limitations imposées aux États-Unis au pouvoir du président.

Le premier problème qu'ils durent aborder fut celui de la sanction royale : il fallait savoir si on donnerait au roi un *veto suspensif* ou un *veto absolu*. Cette question était fortement liée à celle de la dualité des Chambres, puisque le besoin d'un *veto* ne se ferait pas autant sentir s'il y avait une seconde Chambre pour empêcher une législation trop hâtive.

Dans la discussion de la sanction royale, trois systèmes furent proposés : 1° rejet absolu de la sanction ; 2° admission de la sanction ; 3° *veto suspensif*, qui fut finalement adopté (4).

Les préférences de Brissot auraient été pour le système américain, trop peu connu en France à son gré. Il dit ainsi, que « M. Chéron, citoyen actif des Champs-Elysées, n'a aucune

(1) *Patriote fr.*, 8 et 9 septembre 1789.
(2) *Ibid.*, 16 novembre 1789. (Voir chap. II, p. 53 du présent ouvrage.)
(3) Condorcet, *Œuvres*, t. X, p. 50, *Sur le choix des ministres*, 1790.
(4) *Patriote fr.*, 4 et 11 septembre 1789. *Arch. Parl.*, 1ʳᵉ série, t. VIII. p. 609.

idée du *veto* américain lorsqu'il le cite pour prouver la bonté du *veto suspensif* de France. Le *veto* américain n'est autre chose qu'un avis à la législature de prendre de nouveau son décret en considération, et si ce décret reçoit les deux tiers des suffrages, il fait loi, sans que le président puisse le refuser. Il y a quelque bon sens dans ce *veto*; il n'y en a pas dans l'autre » (1).

Pourtant, il y avait des députés qui connaissaient fort bien les constitutions américaines, et Brissot avait tout lieu de s'étonner que ce veto n'eût jamais été cité comme le seul modèle à suivre dans l'Assemblée nationale. D'après lui, la loi par laquelle une majorité des deux tiers, dans chaque Chambre, peut faire passer un décret sans tenir compte du veto du président, présente les avantages suivants :

1° Elle est raisonnable ;

2° Elle peut prévenir les effets d'une effervescence momentanée qui auraient entraîné les deux Chambres ;

3° Elle ne donne au président aucun pouvoir dangereux ;

4° Son seul but est d'amener les Chambres à deux nouvelles discussions qui éclaireront le sujet ;

5° Elle ne peut empêcher une bonne loi, car un président intelligent ne s'opposera pas à une loi salutaire ; et si même il la rejetait, le Congrès trouverait certainement deux tiers de ses membres pour forcer la sanction présidentielle ;

6° L'expérience faite aux États-Unis dans la Baie de Massachussetts où cette loi est admise, a eu d'excellents effets (2).

Tous ces avantages Brissot les résume ainsi : « Le *veto* américain concilie tout : il prévient le despotisme d'un seul ; il prévient les factions parmi les représentants ; il rend inutile l'appel au peuple, et donne l'existence à la loi dans son concours » (3).

Brissot exprime souvent, dans son journal, son regret de n'avoir pu faire adopter par l'Assemblée le veto américain. Il prétend que si ce veto avait été admis lors du malentendu qui

<hr>

(1) *Patriote fr.*, 26 août, 4 et 21 septembre 1789; 8 juillet 1792.
(2) *Patriote fr.*, 4 et 5 septembre 1789.
(3) *Ibid.*, 5 septembre 1789.

divisa l'Assemblée nationale et le roi, au sujet de la sanction des décrets du 4 août, tout se serait arrangé très promptement. « Les réflexions du roi », dit-il, « auraient fait modifier quelques articles et la sanction aurait tout d'un coup été obtenue » (1).

A certaines objections que l'on opposait au *veto* américain, il répond qu'il vaudrait mieux faire dépendre l'existence d'une loi de la minorité de deux Chambres que de la volonté d'un seul individu, comme c'est le cas dans le système du *veto absolu*, et qu'avec le système américain il ne serait pas facile au prince de corrompre deux minorités, si les Chambres se renouvelaient tous les deux ans ; qu'une loi agréable au peuple entraînerait d'ailleurs presque tous les suffrages surtout lorsque la liberté de la presse éclairera ceux qui pourraient se laisser corrompre ; et que les Américains ont adopté depuis longtemps cet usage de la minorité dans certains cas importants, et on ne voit pas que des inconvénients en aient résulté. On a vu peu de Présidents rejeter une loi qui avait obtenu le suffrage des deux Chambres : cet événement n'a eu lieu qu'une ou deux fois, et ce refus a eu des suites heureuses en prévenant les effets d'une faction et l'existence d'une mauvaise loi.

En résumé, Brissot pense que le gouvernement américain a su maintenir un équilibre indispensable par un veto qui est certainement une restriction au pouvoir exécutif et au pouvoir législatif, mais qui offre en même temps le minimum d'inconvénients (2).

Condorcet ne donne pas son approbation à la sanction absolue et il n'est pas tout à fait partisan, non plus, du *veto suspensif.* Il discute la question et dans la *Chronique de Paris* et dans ses œuvres, mais il ne s'appuie pas sur l'exemple de l'Amérique. Dans l'exposition des motifs pour lesquels l'Assemblée nationale a proclamé la convocation d'une Convention nationale, en prononçant la suspension du pouvoir exécutif qui avait été mis entre les mains du roi, il écrit à propos du veto des décrets que demandait Roland : « Ce refus de sanction

(1) *Patriote fr.*, 21 septembre 1789.
(2) *Patriote fr.*, 9 septembre 1789.

appliqué à des décrets qui ne pouvaient être suspendus sans
être anéantis, montrait clairement comment le *veto suspensif*
suivant la loi, devenu définitif par la manière de l'employer,
donnait au roi le pouvoir illimité et arbitraire de rendre
nulles toutes les mesures que le Corps législatif croirait nécessaires au maintien de la liberté » (1).

Pour Condorcet, les inconvénients qui viennent de la difficulté d'établir une distinction précise entre une loi amendée
et une nouvelle loi, se retrouvent dans l'exercice du *veto suspensif* attribué au roi ; par exemple, il suppose que le Corps
législatif ait proposé une loi et que le roi l'ait refusée : « Si la
seconde législature regarde la loi comme très utile en elle-
même mais défectueuse dans quelques-unes de·ses parties et
que cette loi blesse les préjugés actuels ou les intérêts du pouvoir exécutif, elle ne pourra alors ni la présenter sous la même
forme sans agir contre sa propre opinion, ni la présenter
changée sans prolonger d'une législature de plus la durée du
veto. Si, au contraire, le Corps législatif peut exiger un consentement forcé, même en faisant des changements à la loi,
il pourra l'exiger pour une loi que ces changements auraient
dénaturée, pour une loi plus mauvaise que celle même qui a
déjà été rejetée » (2).

A cause de ces inconvénients, on doit étendre le *veto* à deux
législatures. « On peut, en effet, établir que les changements
faits à une loi par la seconde législature ne la feront pas
regarder comme nouvelle, mais que la troisième sera obligée
de présenter à la sanction la loi décrétée par la seconde sans
aucun changement, si elle veut que le consentement soit
forcé » (3).

Condorcet reconnaît qu'on pourrait prévenir les inconvénients de la hâte d'une Assemblée représentative sans recourir
au veto du roi, par des formes de délibération sagement déterminées et par la sanction des Assemblées électorales. Brissot

---

(1) *Ibid* , 18 août 1792 (Cette exposition fut rédigée par Condorcet et
imprimée par ordre de l'Assemblée nationale).
(2) Condorcet, *Œuvres*, t. IX, p. 452. *Réflexions sur ce qui a été fait
et sur ce qui reste à faire*, lues dans une société d'amis de la paix, 1789.
(3) *Ibid.*, ibid.

est du même avis et pour cette raison il loue le petit ouvrage que Condorcet avait écrit sous le pseudonyme d'un « Bourgeois de New Haven », concernant l'inutilité et le danger qu'il y aurait à partager le pouvoir législatif (1).

Plus tard, Condorcet dit qu'il considère comme un vice radical de la Constitution, « la nécessité de la sanction royale pour les décrets du corps législatif qui prononçaient sur les mesures nécessaires au salut public, sur des questions qu'il fallait absolument résoudre ». Il n'aurait même voulu de *veto* royal que pour les objets sur lesquels le roi exerçait un pouvoir dont l'usage ne pouvait être soumis à des règles précises : la défense et les relations extérieures (2).

Brissot et Condorcet croient tous deux que le droit de déclarer la guerre appartient au pouvoir législatif et non au roi ; que ce pouvoir réside dans la nation puisque c'est elle qui paie les impôts et qui doit décider de la guerre ou faire la paix. C'est là encore une idée de Thomas Paine, exprimée dans *Les Droits de l'Homme*. Aux États-Unis, le Président peut demander au Congrès de déclarer la guerre, mais c'est le Congrès qui décide la question. Si la guerre est déclarée le Président devient Commandant en Chef des armées de terre et de mer. En critiquant ce pouvoir donné au Président par la Constitution des États-Unis, Condorcet dit qu'on devrait lui confier seulement le choix des commandants et lui défendre de commander les troupes en personne (3). En réalité, le Président délègue ce pouvoir aux commandants. Il y a eu des généraux qui sont devenus Président des États-Unis, mais généralement ils ont manqué des qualités d'hommes d'État. Inversement, le Président qui n'a pas les aptitudes spéciales d'un général fait mieux de rester à sa place.

Alengry fait observer que Condorcet dans un discours qu'il

(1) *Patriote fr.*, 26 août 1789.
(2) Condorcet, *Œuvres*, t. 1, p. 327, *Condorcet à M*ˣˣˣ, 1790 et p. 585 et 586, *Fragment de justification*, 1793.
(3) Condorcet, *Œuvres*, t. VIII, p. 99 et 100.

prononça en 1792 exprime cette idée contenue dans un article des Déclarations américaines (Virginie, art. 15, Pennsylvanie, art. 13) et aussi, implicitement, dans l'article 3 de la Déclaration de 1789 : « Le principe de toute souveraineté réside essentiellement dans la nation. Nul corps, nul individu ne peut exercer l'autorité qui n'en émane expressément. » L'article 9 de la Constitution girondine résume ce discours « qui concluait à la subordination du pouvoir militaire au pouvoir civil, et à la responsabilité des généraux ». ainsi : « La force publique est essentiellement obéissante. Nul corps armé ne peut délibérer » (1).

Les conventions et traités de paix, d'alliance et de commerce, seront négociés par des agents diplomatiques ou, d'après Condorcet, agents nationaux, nommés par le Conseil exécutif et chargés de ses instructions. Leur rôle sera de préparer les conventions ; elles ne seront exécutoires qu'après la ratification du Corps législatif (2).

La Constitution de 1791 donne au roi le droit de proposer la guerre ; c'est seulement sur sa proposition formelle et indispensable que la guerre peut être déclarée (3). Comme le Président des États-Unis, il est chef suprême des armées de terre et de mer et, en cas de guerre, c'est lui qui confère le commandement des armées et des flottes (4).

Condorcet enlèverait aussi des mains de l'exécutif l'administration des finances pour la donner à l'Assemblée législative. « Les lois constitutionnelles relatives aux finances ... », dit-il, « doivent être combinées de manière que le pouvoir qui doit dépenser soit absolument séparé du pouvoir qui doit recevoir et acquitter les engagements contractés par la nation » (5). Pour éviter ces dangers, Condorcet proposait de charger des autorités locales élues de la répartition de département et de la levée des impôts, mais son plan ne fut pas adopté par la Consti-

---

(1) Alengry, *op. cit.*, p. 671, 675.
(2) Constitution de 1791, tit. III, chap. IV, sec. III, art. 3.
(3) *Ibid.*, tit. III. chap. III, sec. I, art. 2 et chap. IV, sec. III.
(4) *Ibid.*, tit. III, chap. IV, art. 1, 2 et sec. III, art. 1er.
(5) Condorcet, *Œuvres*, t. X, p. 111 et 112, *Sur l'administration des finances*, 1790.

tuante (1). Dans sa critique de la Constitution américaine, il cite ceci : « Il ne sera tiré d'argent du Trésor qu'en conséquence des appropriations ordonnées par la loi, et il sera publié, de temps à autre, un état et un compte régulier de recettes et dépenses des fonds publics. »

Condorcet trouve que l'expression « de temps à autre » est vague et qu'on doit informer le peuple de l'état des finances à des époques fixes, et sans un trop long intervalle. « D'année en année, l'intervalle ne serait point trop court : il ne serait pas non plus assez long pour qu'il fût impossible à la nation de vérifier les faits, et de s'assurer de la bonne conduite de ses administrateurs. Si l'on accorde au Congrès la liberté de rendre compte quand il lui plaira..., et d'établir et de percevoir des impôts chaque fois qu'il le jugera convenable, autant vaudrait lui accorder un pouvoir illimité, puisque rien ne sera capable de résister à qui pourra disposer des richesses des États » (2).

Nous retrouvons l'exemple de l'Amérique dans la question du choix des ministres. Brissot prétendait qu'il ne fallait pas laisser au roi le droit de choisir seul son ministère ; que l'Assemblée devait avoir une voix dans cette affaire ; on peut, disait-il, laisser au roi la liberté de nommer trois ou quatre personnes pour chaque poste, mais c'est à l'Assemblée qu'il appartient de choisir les ministres sur cette liste. Il ne voulait pas que l'on s'autorisât de l'exemple de l'Angleterre, parce que là on retrouverait, à son avis, « toutes les absurdités ministérielles des états despotiques ». Il ajoutait : « les États-Unis nous offrent un plus sage modèle. Le Congrès vient d'organiser les départements ministériels. En quoi consiste cette organisation ? Les deux Chambres du Congrès ont arrêté que, pour les affaires étrangères, la trésorerie, etc., il y aurait un secrétaire nommé par le Président et le Sénat, lequel prêterait serment et serait responsable ; que le secrétaire aurait sous lui un principal commis ; qu'on lui allouerait une certaine somme, etc. ».

(1) Cahen, *Condorcet*, p. 195.
(2) Condorcet, *Œuvres*, t. VIII, p. 99.

« Finances, intérieur du royaume, affaires étrangères, guerre et marine, voilà les cinq branches d'administration que l'on doit organiser; car il est probable qu'on supprimera la Chancellerie, qui avait autrefois deux fonctions. Le chancelier était à la tête de la législation et des tribunaux, et scellait les édits : or, l'Assemblée nationale doit être seule à la tête de la législation, ou plutôt interpréter ses décrets; quant à leur envoi aux tribunaux, ce sera une des fonctions du département de l'Intérieur; et pour le scel, si l'on conserve cet usage des temps barbares où le savoir écrire était rare, ce doit être la besogne mécanique d'un chaufecir » (1).

Brissot pense que le ministère français doit être responsable devant l'Assemblée et il le serait si l'Assemblée avait le droit de choisir les ministres. Elle pourrait leur demander des rapports sur leur travail quand elle le voudrait, mais ils doivent être empêchés de parler pour leur propre compte devant l'Assemblée.

De plus, il ne faut pas permettre au roi de choisir un ministère dans l'Assemblée législative. Aux États-Unis, le *Cabinet* ou ministère existe hors de la Constitution, mais comme une sorte de tradition instituée par Washington et approuvée par le Congrès (2). Le Président peut choisir hors du Congrès ceux qu'il veut avoir auprès de lui pour lui donner des conseils. Leur existence n'est pas reconnue par la Constitution. En France, le décret relatif à l'exclusion des membres de l'Assemblée des places ministérielles fut sanctionné par le roi, et annoncé par le Président de l'Assemblée législative (3).

Brissot croyait que c'était l'exemple de la corruption qui existait dans le Parlement d'Angleterre — due en grande partie à la présence des Walpole et des North — qui avait déterminé le Congrès américain à exclure de ses Assemblées les Secrétaires d'État (4). Les admettre, dit-il, c'est leur

(1) *Patriote fr.*, 26 septembre 1790.
(2) Ce que l'on appelle aux Etats-Unis *unwritten laws*.
(3) *Patriote fr.*, 2 février 1790.
(4) *Ibid.*, 7 novembre 1789.

donner une influence immense sur les décisions de l'Assemblée. Dans son journal, il a répondu à tous les arguments mis
en avant pour la présence des ministres. Les objections qu'il
oppose à leur admission avec voix consultative dans l'Assemblée nationale sont celles-ci : 1° Ils exécuteront dans l'Assemblée les manœuvres qu'ils auront combinées dans leurs cabi-
nets ; 2° leur présence est dangereuse, on le voit par l'exemple
du Parlement d'Angleterre. Il pense que si le danger existe
dans un pays où il y a moins de moyens de corruption, il sera
plus grand encore dans un pays où règnent, pour le moment,
« la corruption et le luxe le plus effrayants ». Pour amoindrir
ce danger, il faudrait donc qu'ils donnent leurs instructions,
par écrit, et non de vive voix.

Dans la discussion de cette mesure, c'est Brissot qui
l'emporta, puisque l'article incriminé fut rejeté, et qu'on
décida, finalement, que les membres de l'Assemblée législative ne feraient pas partie du ministère (1).

Cette exclusion était, peut-être, un défaut. Le ministère
était si surveillé, si impuissant, que les hommes les plus
capables ne voulaient pas y servir (2). Toutefois, d'après
Brissot, ce n'était pas un inconvénient, car il dit que puisque
beaucoup de leurs fonctions anciennes leur ont été ôtées par
le Corps législatif, on n'aurait pas besoin d'une capacité extra-
ordinaire pour remplir l'office ; que l'intelligence ordinaire, la
connaissance des affaires, la dignité et la diligence suffiraient (3).

Condorcet, bien qu'il ne cite pas sur ce point l'exemple des
États-Unis, avait des idées très précises sur le choix du
ministère. Dans ses écrits, il exprime cette opinion que
l'Assemblée, non seulement peut, mais doit accorder aux
législatures la prérogative de choisir les ministres. « Il vaut
mieux, « dit-il », que l'éligibilité dépende des législatures
elles-mêmes, que de dépendre de chaque division de l'État ; et
le vœu de la pluralité des membres du corps législatif indique

---

(1) *Patriote fr.*, 8 novembre 1789.
(2) Esmein, *Gouverneur Morris*, p. 228
(3) *Patriote fr.*, 26 septembre 1790.

plus sûrement l'opinion nationale que le vœu de la pluralité des électeurs d'une province particulière. On conserve dans cette forme de nomination les avantages réels de la monarchie, c'est-à-dire que l'on peut plus aisément et plus sûrement maintenir l'unité dans le pouvoir exécutif, et, ce qui est plus important, dans un grand nombre de circonstances locales, éviter les factions qui partageraient un Conseil de chefs indépendants » (1).

Il pense aussi que l'Assemblée législative doit être libre de choisir parmi ses membres ou ailleurs (2).

La Constitution laissait trop le choix des ministres au souverain, bien qu'il ne pût les choisir dans le Corps législatif. Ces ministres, malgré le principe de la séparation des pouvoirs, étaient admis aux réunions de l'Assemblée, mais ils n'avaient pas de droit d'y prendre la parole. D'après la loi des 27 avril et 25 mai 1791, l'Assemblée pouvait les mettre en accusation devant une Haute Cour de justice et pouvait aussi présenter au roi les observations qu'elle jugeait nécessaires sur la conduite des ministres (art. 26). Esmein appelle cela un « système équivoque et fâcheux ». Évidemment, ce n'était point celui qu'avaient adopté les États-Unis, d'après lequel, il est vrai, les ministres ne peuvent être en même temps membres du Cabinet et du Corps législatif ; mais ils ne prennent aucune part aux délibérations des Chambres et celles-ci n'ont jamais à juger leur conduite, sauf le cas, bien entendu, où ils seraient mis en accusation. Le Président des États-Unis a toute liberté dans le choix de ses ministres et dans leur révocation.

La vérité, c'est que l'Assemblée législative se méfiait des ministres ; au reste, aucune des assemblées de la Révolution n'a tenu compte de la séparation des pouvoirs, sinon de cette manière. Le roi ne put jamais choisir les ministres qu'il aurait voulu, et, comme son choix ne fut jamais non plus agréable à l'Assemblée, personne ne pouvait être content (3).

D'ailleurs, Brissot ne voulait point d'un roi héréditaire, et

(1) Condorcet, *Œuvres*, t. X, p. 49-66, *Sur le choix des ministres*, 1790.
(2) Condorcet, *Œuvres*, t. X, p. 31, *Sur l'étendue des pouvoirs*, 1790.
(3) Esmein, *Morris*, p. 228.

en ceci il suivait de très près la Constitution des États-Unis qui élit un président pour quatre ans seulement. Selon lui, chaque génération devait avoir le droit de choisir un roi et une génération ne pouvait imposer un souverain aux suivantes, qui préféraient peut-être une autre forme de gouvernement. Si le peuple décidait en faveur d'un roi héréditaire, il devait être clair que ce roi régnait en vertu du consentement populaire et non en vertu des lois « qui doivent être muettes devant son droit (du roi), soit qu'elles lui soient favorables ou contraires » (1). Il n'est plus roi par la grâce de Dieu. Aussi, Brissot demandait-il pourquoi l'Assemblée nationale n'avait pas copié les deux articles suivants des Constitutions américaines : *a*) « Que tout pouvoir réside originairement dans le Peuple, et dérive par conséquent de lui ; *b*) que le peuple a le droit indubitable, inaliénable et imprescriptible de réformer ou changer son gouvernement toutes les fois qu'il sera trouvé contraire ou insuffisant pour l'objet de son instruction » (2).

D'après Brissot, si la monarchie n'est pas héréditaire, elle n'est pas davantage inviolable, car elle est toujours responsable devant le peuple, et peut toujours être jugée par lui. Dans le discours qu'il prononça sur la question du jugement du roi, il s'appuie sur l'exemple des États-Unis où il voit le Président (ou le roi électif) « amenable devant la loi, pouvant être suspendu et condamné pour crime de haute trahison ». Il dit : « Je ne vois pas que cette loi ait exposé aucun président à être tourmenté chaque jour par de fausses accusations ; mais aussi n'y a-t-il eu aucun président des États-Unis qui ait conspiré contre son pays ; il sait qu'il serait infailliblement pendu ; et cette certitude me paraît un meilleur préservatif contre les conspirations, que l'inviolabilité, qui n'est qu'un brevet, qu'une patente, pour conspirer à l'aise » (3). Pour Brissot, l'inviolabilité absolue du roi est considérée comme

(1) *Patriote fr.*, 19 septembre 1789.
(2) *Ibid.*, 25 septembre et 6 octobre 1789.
(3) Aulard, *Société des Jacobins*, t. II, p. 614. Brissot, *Discours sur la question de savoir si le roi peut être jugé*, à l'assemblée des *Amis de la Constitution*, séance du 10 juillet 1791.

un attentat à la souveraineté de la nation et de la loi (1).

Il ne veut pas non plus de l'inviolabilité du régent dans ses actes relatifs à l'administration du royaume. Au comité qui objecte que sans cette inviolabilité il n'y a pas de liberté politique, il répond : « Il n'y aurait donc pas de liberté dans les États-Unis ; car le président de ces républiques confédérées peut être accusé, suspendu de ses fonctions et juge » (2).

Condorcet, au contraire, pensait que « dans une constitution libre, on ne peut entendre par monarchie que la réunion du pouvoir exécutif national entre les mains d'un chef unique et *inviolable*... Mais l'existence d'un chef inviolable, et dès lors non responsable, serait incompatible avec la liberté, s'il pouvait, à son gré, violer la loi ou seulement ne pas l'exécuter ». On est donc obligé d'employer des agents qui seront responsables, des ministres. Alors le roi et les ministres exercent l'un sur l'autre une sorte de veto (3).

Lorsque la Constitution de 1791 fut adoptée, la personne du roi fut déclarée inviolable et sacrée et Condorcet approuva cette mesure (4).

En 1790, il s'était exprimé favorablement pour une monarchie héréditaire, en donnant comme raison que l'élection d'un monarque pourrait entraîner des troubles. « Un monarque électif, un sénat héréditaire seraient deux institutions également vicieuses » (5). Il est tout à fait de l'avis contraire de Thomas Paine, qui s'est prononcé à maintes reprises et très explicitement contre un roi héréditaire. Comme nous l'avons vu, Brissot partageait cette opinion.

Mme Roland était d'accord avec Brissot sur ce point. Elle avait assisté à la séance où il avait prononcé son discours sur l'inviolabilité royale. le 10 juillet 1791, et elle trouvait qu'il avait défendu la cause « du genre humain avec la majesté, la

(1) *Ibid.*, t. II, p. 608 et 626.
(2) *Patriote fr.*, 26 mars 1791.
(3) Condorcet, *Œuvres*, t. X, p. 49 et 50, *Sur le choix des ministres*, 1790.
(4) *Constitution de 1791*, tit. III ; chap. II, sec. I et Condorcet, *Œuvres*, t. X, p. 50.
(5) Condorcet, *Œuvres*, t. X, p. 51.

noblesse et la supériorité du génie même de la Liberté » (1).

Brissot avait d'ailleurs en vue une autre restriction sur le pouvoir du roi ; c'était de lui interdire une garde militaire. En ceci il suivait l'exemple américain : « Le chef d'une nation libre a besoin de domestiques, et non de militaires. Le président des États-Unis, Washington, a-t-il un régiment domestique ? » Il est sûr que si La Fayette, qui a suggéré l'établissement d'une maison militaire, demandait à ses amis Washington et Adams, il verrait sans doute, « à l'horreur que leur inspirerait une pareille proposition, combien il a eu tort de l'adopter, et il ne tarderait pas à revenir sur ses pas » (2).

Pendant les discussions sur les restrictions et les privilèges de la monarchie, Brissot et Condorcet conservaient le respect de la personne royale. C'était contre un roi abstrait qu'ils dirigeaient leurs attaques.

M. Alengry a démontré que Condorcet avait été influencé par Thomas Paine sur ce point, et lors de la déchéance et du procès du roi nous voyons presque la même attitude chez Brissot aussi. *Tuez le roi, mais non l'homme* (3), rappelle la lettre de Paine au président de la Convention, dans laquelle il déclare que « comme individu Louis XVI est un être insignifiant ; comme roi, il est coupable et doit être jugé » (4).

Sur les questions proposées lors du jugement du roi, M. Alengry a comparé les votes de Condorcet à ceux de Paine, et les a trouvés identiques sur la culpabilité et sur la ratification populaire. Sur la peine encourue Condorcet s'exprimait ainsi : « Toute différence de peine pour les mêmes crimes est un attentat contre l'égalité. La peine contre les conspirateurs est la mort. Mais cette peine est contre mes principes. Je ne la voterai jamais (5). Je ne puis voter la réclusion, car nulle loi

---

(1) Mme Roland, *Lettres*, t. II, p. 325, à Bancal, à Clermont-Ferrand. 11 juillet 1791, de Paris.

(2) *Patriote fr.*, 12 novembre 1790.

(3) *Chronique de Paris*, 8 novembre 1792.

(4) Alengry, p. 174, 176, 177.

(5) Condorcet s'est exprimé contre la peine de mort dès le 2 mai 1785 dans une lettre au roi de Prusse : il regarde « la peine de mort comme

ne m'autorise à la porter. Je vote pour la peine la plus grave dans le code pénal, et qui ne soit pas la mort. » Et Paine : « Je vote pour la réclusion de Louis jusqu'à la fin de la guerre et pour son bannissement perpétuel après la guerre » (1).

Nous ne savons pas si Condorcet était chez Lebrun au moment où Paine s'y trouvait et où avait lieu cette conversation qui nous a été rapportée :

« Demandez à Paine », dit Brissot, « quel effet l'exécution de Capet aurait en Amérique? » « Mauvais, très mauvais », répondit seulement Paine. Comme preuve que c'est Paine qui eut l'idée de sauver le roi et sa famille en les envoyant en Amérique, avec « le but d'attacher l'Amérique à la France et d'attirer de ce côté l'attention de l'Angleterre », Conway cite une lettre écrite le 28 décembre 1792 par Gouverneur Morris à Washington : « La majorité de la Convention songe ... à envoyer le roi et sa famille en Amérique, *ce que Paine doit proposer*. Il m'a parlé de cela en confidence, mais je l'ai appris depuis d'autre part » (2).

Quant au sursis à l'exécution du roi, il paraîtrait que Condorcet avait subi l'influence de Paine ; en tout cas, il a fait tous ses efforts pour l'obtenir pour Louis XVI (3).

III. — POUVOIR JUDICIAIRE.

Dans la troisième branche du Gouvernement, celle du pouvoir judiciaire, Brissot et Condorcet trouvaient un moyen de garantir les droits individuels déjà déclarés. Ils citaient fréquemment l'exemple de l'Amérique aussi bien que celui de l'Angleterre, pour montrer tantôt les méthodes qu'on devait imiter, tantôt les défauts qu'il fallait éviter. Ils s'appuyaient encore sur *Le Fédéraliste*, qui insiste sur l'indépendance

---

absolument injuste, excepté dans le cas où la vie du coupable peut être dangereuse pour la société ». *Œuvres*, t. I. p. 305-306.

(1) *Moniteur*, réimpr., XIV, 200, 211 (cité par Alengry, *op. cit*, p. 179).

(2) *Mémoire* inédit de Genêt, cité par Conway, *Thomas Paine, loc. cit.*, p. 442 (Alengry. *op. cit.*, p. 181).

(3) Alengry, *op. cit.*, p. 182.

absolue du pouvoir judiciaire pour maintenir le principe de
la séparation des pouvoirs. Grâce à eux, la Constitution française de 1791 ne viole pas ce principe, car elle dit : « Le Pouvoir judiciaire ne peut, en aucun cas, être exercé par le Corps
législatif ni par le Roi » (1).

Prenons, d'abord, la question de la rééligibilité des juges.
Brissot approuve cette rééligibilité, mais il pense que permettre
aux juges une réélection perpétuelle, sans aucun intervalle,
peut être une mesure extrêmement préjudiciable à la liberté.
Il trouve que « cette perpétuité de réélection est la seule tâche
qui vicie le beau plan du Congrès en Amérique ». Cependant,
on décréta que les juges pourraient être conservés dans leurs
fonctions par nouvelle élection, sans aucun intervalle, et
qu'ils ne seraient élus que pour un temps déterminé (2).

Brissot put du moins approuver ce qui fut décrété le 5 mai
1790, que les juges seraient élus par le peuple (3).

Condorcet, comme les autres Constituants, veut que l'on
recrute les juges par l'élection et qu'ils soient payés par la
République à l'exemple de l'Angleterre et des États-Unis. Il
demande des jurés auprès des juges, au civil et au criminel (4).

Il trouve que l'institution du jury en Amérique, où, pour
presque toutes les causes, on a établi des juges chargés de faire
l'instruction, de déterminer le point de la loi, et où des jurés
prononcent ensuite sur le fait sans que les juges aient voix
dans cette décision, est utile et mérite d'être adoptée par
toutes les nations ; il conclut ainsi : « Il faudrait alors que les
électeurs des districts ou des provinces nommassent un certain
nombre de jurés, dont les uns prononceraient sur les causes
civiles, les autres sur les affaires criminelles. Il serait inutile
de s'arrêter à montrer combien il est nécessaire de séparer
les tribunaux civils des tribunaux criminels » (5).

(1) *Fédéraliste*, chap. LXXVIII-LXXXIII ; Constitution française,
tit. III, chap. V, art. 1er.
(2) *Patriote fr.*, 4 mai 1790.
(3) *Ibid.*, 6 mai 1790 ; Constitution fr., tit. III, chap. V, art. 2 et suiv.
(4) Condorcet, *Œuvres*, t. IX, p. 109 et suiv. Constitution girondine,
tit. X, sec. I, art. 2 et 3. Déclarations de droits de Pennsylvanie (art. 9
et 14) et de Virginie (art. 10 et 13).
(5) Condorcet, *Œuvres*, t. VIII, p. 499, *Sur les Ass. provinciales*.

Brissot, lui, voulait des jurés en matière criminelle mais pas en matière civile : « L'établissement des jurés y est impraticable.

« En Angleterre et en Amérique, il a multiplié la chicane et les frais de procédure, contre l'intention du législateur » (1).

« La forme par jurés est adoptée telle, à peu près, qu'elle a été adoptée en Angleterre », dit-il ailleurs (2) et nous pourrions ajouter, comme en Amérique, où le droit d'un jugement par jury sera maintenu pour tout procès de droit commun ou d'équité, où la valeur en litige dépasserait vingt dollars. Les membres du jury sont choisis par le sort et ils ne sont pas élus. L'institution des deux jurys, favorisée par Condorcet, l'un d'accusation, l'autre de jugement, existait et existe aux États-Unis où l'un, celui qui fait une enquête sur les crimes et met en jugement, s'appelle le *grand jury*, l'autre, le *petit jury*.

Dans les trois Constitutions auxquelles travailla Condorcet, il y a des points semblables à ceux qui se retrouvent dans la juridiction criminelle des États-Unis. Nous ne parlerons que de celui qui a trait à l'instruction par le jury. Comparons à cet égard, par exemple, la Constitution du 3 septembre 1791, la Constitution girondine et la Constitution du 24 juin 1793, avec celle des États-Unis :

L'instruction sera publique, et l'on ne pourra refuser aux accusés le secours d'un conseil. Tout homme acquitté par un jury légal, ne peut plus être repris ni accusé à raison du même fait (3).

La justice sera rendue publiquement par des jurés et par des juges (4).

En matière criminelle, nul citoyen ne peut être jugé que sur une accusation reçue par les jurés ou décrétée par le corps législatif. Les accusés ont des conseils choisis par eux, ou nommés d'office. *L'instruc-*

---

(1) *Patriote fr.*, 6 avril 1790.
(2) *Ibid.*, 3 février 1790.
(3) Constitution du 3 septembre 1791, tit. III, chap. V, art. 9.
(4) Constitution girondine de 1793, tit. X, sec. I, art. 2.

tion est publique. Le fait et l'intention sont déclarés par un juré (1) de jugement. La peine est appliquée par un tribunal criminel (2).

Dans toutes les poursuites criminelles, l'accusé jouira du droit d'être jugé promptement et *publiquement* par un jury impartial, choisi dans l'Etat ou le district où le crime aura été commis, lequel district aura été préalablement délimité par la loi; et d'être informé de la nature et de la cause de l'accusation; d'être confronté avec les témoins à charge; de faire citer, par toutes voies légales, des témoins à décharge, et d'avoir le conseil d'un avocat pour se défendre (3).

Nous pouvons ajouter que Condorcet dans sa Déclaration (III, 6°) dit que tous les interrogatoires des accusés et les témoignages seront publics, mais que pour les jugements les délibérations seront privées.

Lorsque les deux Comités de Constitution et de Jurispru-dence proposèrent de supprimer dorénavant les dépositions écrites dans l'examen des procès criminels pour leur substituer les dépositions verbales, Brissot les approuva, jugeant qu'on devait avoir des dépositions verbales, comme en Angleterre et en Amérique. La Fayette, lui aussi, citait sur ce point les Américains, en demandant « qu'on suivît le premier projet du Comité, la proscription de l'écriture » (4).

Dans la *Chronique de Paris* du 5 janvier 1791, Con-dorcet, lui aussi, est d'accord sur cette proposition. Il dit que l'Angleterre a des jurés depuis plus de mille ans, et que per-sonne n'a jamais pensé à faire écrire devant les jurés ce que disent les témoins qu'ils entendent. « L'Amérique a des jurés, elle en use ainsi que l'Angleterre, et elle s'en trouve bien. L'expérience est donc en faveur du projet du Comité. Cette expérience est fondée sur les principes de la raison » (5).

(1) Le texte officiel porte toujours *juré* et non *jury*, Duguit, *op. cit.* p. 76, note 1 et renvoi à p. 17, note 3.
(2) Constitution du 24 juin 1793, art. 96.
(3) Constitution des Etats-Unis. Amendements, art. 6. Cet article est à peu près le même que le Code pénal qui se trouve dans la Constitution de Pennsylvanie, 1776, tellement admiré par Brissot et Condorcet. Voir Brissot *et als, Bibliothèque philosophique de Jurisprudence*, t. I, vol. III, p. XXIII-IV.
(4) *Patriote fr.*, 18 janvier 1791.
(5) *Chronique de Paris*, 5 janvier 1791.

Condorcet ne trouve chez aucun peuple un code criminel auquel on ne puisse reprocher quelque défaut essentiel, mais il lui paraît qu'il y a chez tous de bons principes à imiter (1).

Parlant des changements dans la forme et l'exécution des jugements, il cite l'exemple américain qui défend aux tribunaux de rester juges d'aucun délit commis contre eux, et ajoute :

« L'idée d'être juge dans sa propre cause révolte tout esprit droit, toute âme honnête ou élevée. En Amérique, les Corps qui représentent le peuple, qui exercent en son nom le pouvoir législatif y ont renoncé. Je ne dis pas au droit, mais au privilège injuste de venger leurs propres injures. L'Assemblée de Virginie voulait s'en servir une fois ; son animadversion était juste, la voix publique l'eût confirmée ; cependant, sur la seule réclamation d'un de ses membres, à ce seul mot, « vous allez donc être juge dans votre cause », elle cessa toute poursuite. On décida qu'aucun tribunal ne pourra rester juge d'aucun délit commis contre lui ou un de ses membres (2).

(1) Cahen, *Condorcet*, Appendix I, p. 549-557.
(2) *Ibid.*, ibid.

CHAPITRE IV

SOUVERAINETÉ NATIONALE (*suite*).
RATIFICATION, MODIFICATION ET APPLICATION
DE LA CONSTITUTION

I. — Ratification de la Constitution.

La Constitution finie, il fallait la faire adopter. Il était tout naturel qu'à ce moment les futurs Girondins regardassent une fois de plus vers l'Amérique.

Pour la ratification Mme Roland recommandait une méthode plus démocratique que celle de l'Amérique, puisque les États-Unis ne font ratifier qu'indirectement par le peuple, en exigeant l'assentiment des trois quarts au moins des législatures des États, tandis que Mme Roland voulait voir la nouvelle Constitution ratifiée par le peuple lui-même, par voie de referendum. Dans une lettre de Villefranche elle dit que l'Assemblée nationale n'avait pas le droit de fixer irrévocablement la Constitution, qu'elle doit être envoyée dans toutes les provinces pour être adoptée, modifiée, approuvée par les constituants : « L'Assemblée n'est formée que de Constitués, qui n'ont pas le droit de fixer notre sort, ce droit est au peuple, et il ne peut ni le céder, ni le déléguer » (1).

Lorsque l'Assemblée nationale avait commencé, le 20 août, à voter les articles de la Déclaration des Droits de l'Homme et

(1) Lettre du 3 août 1789, attribuée à Mme Roland. Voir ses *Lettres*, t. II, p. 55, et *Patriote fr.*, 12 août 1789.

du Citoyen, elle dit, « Allez donc votre train ; que nos droits se déclarent, qu'ils soient soumis à notre aveu, et que la Constitution vienne ensuite » (1).

Brissot croyait au contraire que cette ratification populaire était impraticable, et ne pouvait être appliquée que dans de petits États ou dans des villes indépendantes, comme Genève par exemple. « Les Américains eux-mêmes », dit-il, « l'ont tellement crue impossible, qu'ils ont préféré de faire nommer dans chaque État, par le peuple, une Convention chargée d'examiner et de ratifier la Constitution générale » ; sa définition du mot *convention* étant celle-ci : « une Assemblée de représentants du peuple librement élue par lui pour uniquement faire, changer ou modifier la constitution » (2). D'après Duguit c'était le terme employé aux États-Unis pour désigner une assemblée constituante (3).

Il ne croyait pas, avec Mounier, qu'une nation pût être constituée par ses délégués et se donner une constitution sans ratification ultérieure. Il s'appuyait plutôt sur la formule des Américains que « le peuple a seul le droit de régler son gouvernement » et comme il pensait que ces mots étaient un peu trop vagues pour les Français, il les interprétait en déclarant que le pouvoir de ratifier la Constitution, *a)* « existe dans la nation seule ; *b)* qu'il n'en peut jamais être séparé ; *c)* qu'il consiste dans le droit de la nation de faire tous les changements qu'elle croit nécessaires à la Constitution et à la distribution de ses pouvoirs ; *d)* que tout changement de cette nature, fait par ses délégués *ad hoc*, a essentiellement besoin pour être valide de la ratification de la nation, divisée en Bailliages ou Districts ».

Brissot admit pourtant qu'à une époque de crise on pourrait appliquer provisoirement la Constitution, que les Américains l'avaient fait en 1776, lorsque le temps leur manqua pour discuter les Articles de Confédération. Cependant il trouvait que cette absence de ratification était une des causes princi-

---

(1) Mme Roland, *Lettres*, t. II, p. 58.
(2) *Patriote fr.*, 10 août 1791.
(3) Duguit et Monnier, *op. cit.* p. XXVI.

pales du renversement de l'ancienne Confédération, et qu'on avait eu soin de soumettre la nouvelle Constitution à la ratification des divers États (1).

Condorcet jugeait lui aussi qu'il était nécessaire de faire ratifier la Constitution par les Bailliages (2). Il ne voulait pas non plus de la ratification directe par le peuple, son opinion étant qu'une nation ne doit pas accorder aux citoyens le droit immédiat d'accepter ou de refuser la Constitution. Dans son article *Sur la nécessité de faire ratifier la Constitution par les citoyens et sur la formation des communautés de campagne*, il s'est demandé si, lorsque la nation avait chargé une assemblée de lui donner une Constitution, elle devrait confier à une autre assemblée le droit de ratifier la Constitution proposée par la première (3).

II. — Modification de la Constitution.

Sur la modification de la Constitution, les trois Girondins se trouvaient d'accord. Brissot disait que « le peuple seul a le droit de fixer les lois constitutionnelles » et que « le peuple seul peut altérer la Constitution. » C'est la conséquence de son droit de souveraineté (4). Il ne croyait pas, comme l'abbé Sieyès que « ce pouvoir de constituer une nation définitivement et irrévocablement devait être exercé par les représentants, assemblés uniquement pour cet objet ». « Jamais », dit-il, « une nation ne peut être constituée par des représentants, même extraordinaires, sans son approbation expresse de la constitution. » (5) Nous trouvons la même idée exprimée

---

(1) *Patriote fr.*, 9 septembre 1789.
(2) *Ibid.*, ibid., Lettre de Condorcet à M. le comte de Montmorency.
(3) *Chronique de Paris*, 28 septembre 1789.
(4) *Lettre de la Société des Amis de la Constitution à toutes les Sociétés affiliées*, rédigée par Barnave et critiquée dans *Le Patriote fr.* du 17 mars 1791. Voir Aulard, t. II, p. 189-190.
(5) *Patriote fr.*, 1er août 1789; (*Déclaration des droits préliminaires de la Constitution; reconnaissance et exposition raisonnée des droits de l'homme et du citoyen;* par l'abbé Sieyès, à Versailles, juillet 1789); *Mémoires de Brissot.* t. II, p. 105-106. C'était aussi l'avis de Mme Roland. Voir sa correspondance de 1789 et 1790.

plus tard dans ses *Mémoires* : « Un peuple peut altérer ces divers modes de constitution quand il le juge nécessaire ; il n'y a que ce droit même de pouvoir changer et modifier la Constitution qu'il ne peut jamais aliéner ; il est inséparable de lui, c'est sa souveraineté » (1). Ce pouvoir de changer la Constitution ne s'applique pas à la Déclaration de Droits, les droits de l'homme étant inviolables et imprescriptibles par nature, pour Brissot et pour ses amis.

L'idée « qu'on ne doit pas soumettre le peuple à une constitution à toujours, puisqu'il y a de nouvelles vérités » est aussi celle de Thomas Paine, et Condorcet remarque également qu'il est absurde de prétendre qu'une Constitution ne peut être modifiée : Une Convention future aurait autant de droit légal que celle qui a formé la Constitution originellement, même si la première n'avait pas fixé la forme des Conventions futures (2).

Brissot et Condorcet font tous deux une distinction entre le pouvoir constituant et le pouvoir législatif. Brissot observe que le pouvoir législatif n'est qu'une délégation du peuple pour faire des lois. Il est donc essentiellement différent du pouvoir constituant (3). Dès avril 1789, Brissot avait exposé ainsi ses idées sur l'Assemblée Constituante, dans son *Plan de conduite pour les députés du peuple* : « toute Constitution, pour être valide et bien faite, doit être rédigée par une convocation des hommes les plus éclairés, nommés *ad hoc*, convocation différente et indépendante des États Généraux ou de tel autre corps législatif ». Ses amis Lanthenas et Bancal partageaient cette idée, ainsi que le ménage Roland (4).

Condorcet était du même avis : « M. Brissot a parfaitement démontré, d'après les principes de la souveraineté des peuples qui les autorisent à changer leur Constitution quand il leur paraît convenable de le faire, que le peuple français a pu, dans cette circonstance comme dans toute autre, changer son

----

(1) Brissot, *Mémoires*, t. II, p. 114.
(2) Paine, *Droits de l'homme, passim* ; Condorcet, *Œuvres*, t. VIII, p. 223 et 224. *Sur les Assemblées provinciales*, 1788.
(3) *Patriote fr.*, 12 mai 1790.
(4) Brissot. *Correspondance*, p. 241, note 6.

gouvernement sans que des étrangers aient le droit de s'immiscer dans ses affaires. » D'après lui, les étrangers admettaient ce fait lorsqu'ils acceptaient de reconnaître la Constitution française (1).

Il est facile de retrouver là l'influence des idées de Brissot sur ses collègues de l'Assemblée Constituante, puisque celle-ci ordonna l'impression de la discussion « à trois jours » de son adresse.

Comme nous l'avons déjà dit, il prenait le mot *convention* dans le sens américain, c'est-à-dire que ce mot désignait pour lui une Assemblée Constituante (2). Il approuva donc la définition qu'en donna l'abbé Maury lorsque celui-ci disait que « la convention américaine n'était qu'une assemblée d'hommes chargés de rédiger un plan qui devait être ensuite ratifié par les différents États » (3). Plus tard — au 10 août 1791 — il devait répéter cette définition, en ajoutant que cette Convention était différente de celle de l'Angleterre, qui avait exercé vraiment le pouvoir constituant lorsqu'elle avait déclaré le trône vacant après la fuite de Jacques II, pour y appeler Guillaume d'Orange. Elle lui était différente en ceci que ce dernier acte ne fut point ratifié par le peuple.

Brissot remarque d'ailleurs, que la Convention générale américaine avait exercé un véritable pouvoir constituant, en proposant son plan aux États-Unis, car un des articles stipulait que si neuf des États agréaient ce plan, il serait dès lors agréé par tous. Les diverses Conventions qui, dans chaque État, examinèrent et acceptèrent ce plan proposé, exercèrent aussi pleinement le pouvoir constituant. De cela il résultait qu'en Amérique même on distinguait deux sortes de Conventions ; l'une n'ayant que le seul pouvoir d'émettre une proposition, qui aurait besoin ensuite d'être sanctionnée par le peuple réuni en assemblées primaires, et l'autre munie du pouvoir constituant et qui aurait toute latitude de se dispenser de sanction (4).

(1) *Chronique de Paris*, 24 août 1792.
(2) *Patriote fr.*, 11 février 1790.
(3) *Ibid.*, 12 mai 1790 ; 10 août 1791.
(4) *Patriote fr.*, 10 et 31 août 1791.

Mais, aux États-Unis, on avait prévu toutes les dispositions nécessaires pour ces Conventions, et Brissot en donne deux exemples : d'abord celui du Massachussetts, qui avait fixé une époque pour la prochaine d'entre elles; puis celui de la Pennsylvanie où l'une d'elles devait se réunir « sur le vœu de la majorité des censeurs ». On avait rejeté en effet la périodicité des Conventions, et décidé, une fois pour toutes, qu'il n'y en aurait plus avant 1821. Selon Brissot, rejeter leur périodicité signifiait qu'il n'y en aurait pas, puisqu'il ne peut y avoir de Conventions sans périodicité; dire qu'il n'y en aura pas avant une certaine date est inutile, car il est impossible, en dehors des époques fixées, de trouver un moyen d'avoir une Convention (1). Brissot nous rappelle. d'ailleurs, que la Constitution américaine n'admet que des Conventions irrégulières, appelées sur la demande qu'en font les législateurs à une majorité des deux tiers de tous les États, ou sur celle des deux tiers des deux Chambres du Congrès.

Brissot pensait donc que ces Conventions doivent être périodiques. Dans le discours qu'il prononça au club des Jacobins le 8 août 1791, il essayait de prouver deux choses : 1º qu'il était nécessaire, pour maintenir la Constitution, pour la corriger et pour assurer les droits du peuple, de ressusciter, à des époques fixes, le pouvoir constituant; 2º que ce pouvoir conservateur, réformateur et censorial, ne pourrait être conféré ni aux pouvoirs délégués ni au peuple réuni en assemblées primaires, mais bien à une Assemblée représentative. indépendante des pouvoirs délégués et appelée Convention (2).

L'opinion de Condorcet sur la modification possible des Constitutions se rapprochait beaucoup de celle de Brissot. Dans sa *Lettre à M. de Montmorency*, il dit que le pouvoir de reviser est un attribut de la souveraineté nationale; mais le peuple ne saurait reviser par lui-même, il est obligé de déléguer ce pouvoir à une assemblée spéciale ou Convention; il

(1) *Ibid.*, ibid.
(2) *Patriote fr.*, 10 août 1791.

ajoute que le droit de convoquer ces assemblées ne saurait appartenir à l'exécutif (1).

Lui aussi établit la distinction nécessaire entre le pouvoir constituant et le pouvoir législatif. La Convention qui s'occupera à certaines époques de revoir les lois devra être distincte de la Chambre législative ordinaire; sans cela il n'y aurait ni droit ni liberté. Il est inévitable qu'il y ait, lors de l'établissement d'une nouvelle Constitution, ou plutôt lorsqu'on apportera des modifications à la Constitution désormais existante, des difficultés à surmonter, et il propose donc un intervalle de dix-huit ans, provisoirement obligatoire, avant qu'aucun changement soit discuté (2).

Insistant sur la différence qui doit exister entre le pouvoir constituant et le pouvoir législatif, Condorcet cite l'exemple de l'Amérique : « Pour que le pouvoir constituant pût ne pas se confondre avec le pouvoir législatif, il serait nécessaire que la volonté nationale les eût séparés en ne conférant au premier que la puissance de régler la constitution, la forme, l'action des divers pouvoirs, ou bien, il faudrait qu'une première constitution libre eût réglé d'avance la forme et le pouvoir de l'assemblée chargée de la réformer elle-même.

« Les premières conventions américaines sont dans le premier cas; celles qui les ont suivies sont dans le second.

« Dans une constitution libre, le pouvoir exécutif est indépendant du pouvoir législatif; dans ce sens, qu'il est obligé d'exécuter les lois, non en vertu de la volonté du pouvoir législatif, mais en vertu d'une loi antérieure, de laquelle tous deux ont également reçu leur autorité et leurs fonctions, qui a fixé leurs droits et leurs devoirs respectifs.

« Un pouvoir constituant, établi en vertu d'une loi antérieure, peut changer la forme du pouvoir exécutif attaché aux législatures; mais si cette même loi a réglé le pouvoir qui doit être chargé d'exécuter ses lois constitutionnelles, ce dernier pouvoir doit ne dépendre que de la puissance qui l'a créé. »

(1) Condorcet, *Œuvres*, t. IX, p. 371 et 372. *Examen de cette question : est-il utile de diviser une Assemblée nationale en plusieurs chambres?* Cf. t. IX, p. 528, *Réponse à l'adresse aux provinces.*
(2) *Chronique de Paris*, 28 septembre 1789.

Il conclut que « si, après avoir mérité de servir de modèle
dans les premiers traits de notre constitution, nous voulons
modestement nous réduire au rôle d'imitateurs ; si, après avoir
pris des guides qui pensaient par eux-mêmes, nous préférons
ceux qui puisent leurs idées dans la pratique des autres
peuples, pourquoi ne pas suivre l'exemple de l'Amérique
plutôt que celui de l'Angleterre » (1). Condorcet fait aussi
une distinction entre les Conventions irrégulières ou interca-
laires et les Conventions périodiques. « Le but des premières
est de remédier à des abus » dit-il expressément, « et celui des
secondes est de prévenir la naissance de ces mêmes abus. »
Les deux genres, d'après lui, sont donc nécessaires (2). Il
trouve que les Conventions périodiques sont indispensables
« pour que jamais la pluralité n'obéisse à des lois qu'elle n'a
pas consenties, et en même temps pour que la Constitution, et
par elle les autres parties de l'établissement source, puissent
s'améliorer par le temps, et suivre dans leurs perfectionne-
ments les progrès des lumières » (3). Il pense qu'on peut
placer le terme de ces Conventions nationales périodiques
entre huit et vingt ans, puisque l'effet de ces progrès pourrait
certainement se faire sentir dans ce temps-là (4).

Il est possible qu'il ait été influencé par Paine en cela
encore, puisque c'était Paine qui proposait une revision périodique de la Constitution telle qu'elle avait été organisée pour
la Pennsylvanie, en 1776. En tout cas, il admet que « jusqu'ici
quelques-uns des États-Unis d'Amérique sont les seuls
peuples qui aient senti l'utilité d'établir d'avance la forme des
conventions spécialement destinées à corriger les défauts de
la constitution, et à soumettre ces changements, ou même
une constitution nouvelle, à l'examen des représentants de

(1) Condorcet, *Œuvres*, t. X, p. 25-34, *Sur l'étendue des pouvoirs de
l'Assemblée nationale*, 1790.
(2) *Patriote fr.*, 23 août 1791.
(3) Buchez et Roux. t. IX, p. 139, *Discours sur les Conventions nationales à l'Assemblée des amis de la Constitution*, 7 août 1791.
(4) Condorcet, *Œuvres*, t. X, p. 195, *Les Conventions nationales*,
1er avril 1791, *Ibid.*, t. IX, p. 529-533 : *Réponse à l'adresse aux provinces.*

la nation, choisis par elle pour remplir cette fonction » (1).

A la date du 1ᵉʳ avril 1791, il insiste sur la nécessité de Conventions non périodiques, déterminées seulement par la volonté des citoyens, exprimée sous une forme établie par la loi, s'il y a des abus qui ne peuvent pas attendre, et le 7 août 1791, il appuie encore sur l'urgence d'incorporer dans la Constitution les deux espèces de Conventions (2).

III. — Application de la Constitution.

Nous avons suivi l'influence qu'avait eue la Constitution américaine sur les idées de Brissot, de Condorcet et de M Roland en ce qui concerne la Déclaration des droits et la Constitution française, sa ratification par le pays et ses modifications possibles ou nécessaires. Il nous reste à montrer comment tous trois furent aussi influencés par l'Amérique dans l'application de cette Constitution nouvelle, et des lois décrétées, à la suite de son adoption.

D'abord il était indispensable que la Constitution réussît, que l'Assemblée législative qu'elle avait établie fût respectée, et que les décrets de cette Assemblée fussent obéis. Il fallait ensuite veiller sur l'Assemblée pour que rien ne pût y être décrété qui fût contraire à la Déclaration des Droits de l'Homme et à la Constitution, puisqu'en effet la surveillance constante est le soutien des gouvernements républicains (3). Il fallait enfin soulever un grand enthousiasme pour la Constitution ; car si elle pouvait avoir pour elle la force de l'opinion, elle marcherait à souhait. Tous trois, Brissot, Condorcet et Mᵐᵉ Roland savaient qu'il est indispensable pour la loi de trouver un appui dans l'esprit général et ils étaient d'accord sur la nécessité d'éclairer le peuple, à ce sujet, par tous les moyens possibles.

Dans ceux de ces moyens qu'ils suggèrent nous retrouvons une fois de plus l'influence des précédents d'outre-Atlantique.

(1) Condorcet, *Œuvres*, t. VIII, p. 223.
(2) *Ibid.*, t. X, p. 198-206.
(3) *Patriote fr.*, 1 septembre 1789.

C'est ainsi, par exemple, que pour ne pas retarder la marche de la Constitution, Brissot proposait que les décrets de l'Assemblée fussent traduits dans les idiomes usités dans les diverses provinces de France, de même qu'on avait publié les lois générales, en Pennsylvanie, en anglais et en allemand, parce que la moitié de la population y était allemande. « Là-bas », disait-il, « on enseigne l'anglais dans les écoles », et il aimait à prédire que vingt ans plus tard, il n'y aurait plus qu'une langue dans tous les États-Unis (1).

Une fois éclairé sur la forme de son gouvernement, il fallait que le peuple sût obéir aux lois qu'il avait faites par l'intermédiaire de ses représentants. D'après Brissot l'autorité du peuple, dans une République. ne peut exister sans l'obéissance à la loi et « sans le respect envers ses organes », autrement dit, envers ceux qui la font appliquer. Si le peuple tient à exprimer sa souveraineté, il faut toujours qu'il emploie des moyens constitutionnels dans ses revendications. Dans tous les écrits de Brissot on retrouve cette insistance sur la nécessité de la modération et le respect de la justice (2). Il veut que même si l'on proteste contre la loi pour le bonheur de tout le monde, on la respecte et on y obéisse. Il faut, à son avis, se soumettre à la volonté de la majorité ; — et en cela il se montre un vrai disciple de Rousseau. Cependant, il sait qu'il y aura toujours des mécontents, faiseurs d'émeutes, susciteurs de révoltes contre l'autorité. Pour venir à bout de ces réfractaires, Brissot cherche dans ses souvenirs d'Amérique, avec l'espoir de trouver dans ce pays des mesures salutaires, et il en trouve.

Lorsqu'on discuta sur ce qu'il fallait faire des émigrés, qui quittaient leur pays plutôt que de se conformer au nouveau régime, Brissot cita l'exemple des Américains, et la façon dont ils avaient disposé des Loyalistes, pendant la Révolution américaine. Tandis qu'à son avis la mort n'était pas un châtiment trop fort pour ceux qui, alors qu'ils auraient pu jouir des droits de citoyens français, préféraient faire la guerre à leur pays pour renverser l'œuvre de la Constituante, il reconnait

(1) *Patriote fr.*, 16 janvier 1790.
(2) *Ibid.*, 26 août, 4 septembre, 19 octobre et 3 novembre 1789.

pourtant que les Américains n'ont pas prononcé cette peine contre ces Loyalistes, et il demande pourquoi les Français se montreraient moins humains que les Américains (1). Il a noté que les lois faites pendant les guerres civiles, par un parti contre un autre, étaient toujours inutiles et amenaient des représailles. Il soutient enfin qu'il ne faut pas incorporer la peine de mort dans la loi générale formulée contre les Français qui porteraient un jour les armes contre la France et que le devoir du comité de rédaction des lois est de décréter « que tout homme qui a cessé d'être Français du moment qu'il a abdiqué la France pour sa patrie en devient étranger » (2).

Lorsqu'en août 1790, les soldats protestèrent à Nancy contre les ordres de Bouillé et qu'un combat, dans lequel 400 hommes furent tués, eut lieu entre les forces royales et celles des citoyens-soldats, Brissot fut fort indigné et blâma beaucoup Bouillé, déclarant qu'on aurait dû suivre l'exemple des commandants américains Lincoln et Shepard qui, lorsqu'ils réprimèrent *Shays'Rebellion* en 1786, dans l'État de Massachussetts, avaient évité de verser le sang (3). « Le vrai citoyen », dit-il, « ne se résout qu'à la dernière extrémité à répandre le sang de son frère » (4). D'après lui, Bouillé aurait dû raisonner avec les soldats et les exhorter à rentrer dans le devoir (5).

Condorcet, lui, admirait surtout la façon dont les Américains avaient su apaiser une rébellion locale. Il y voyait une preuve « que pour conserver le bon ordre dans une nation, il faut en laisser le soin à la nation même ». Il ne voulut pas permettre aux ennemis du gouvernement populaire de profiter de ces incidents fâcheux, et il rappelait que la rébellion de Shays était la première aux États-Unis, tandis qu'on en comptait bien davantage sous les gouvernements despotiques, monarchiques et mixtes, dans le même espace de temps (6)

---

(1) *Patriote fr.*, 7 juin 1791, *Réflexions sur la peine de mort, décernée contre tout Français qui portera les armes contre sa patrie.*
(2) *Ibid.*, ibid.
(3) Sur *Shays' Rebellion*, voir Condorcet, *Œuvres*, t. VIII, p. 43-48.
(4) *Patriote fr.*, 3 septembre 1790.
(5) *Ibid.*, 4 septembre 1790 et 26 avril 1791.
(6) Condorcet, *Œuvres*, t. VIII, p. 47 et 49.

Condorcet, aristocrate de naissance et d'éducation, est bien plus modéré que ne l'est Brissot. Il tient davantage à l'ordre établi. Il croit à la souveraineté populaire, certes, mais il voudrait que les transformations qu'il a reconnues nécessaires s'effectuent par les moyens légaux. Il répète à plusieurs reprises qu'on doit obéir aux lois d'un pouvoir légitime. « Une nation est libre quand elle n'obéit qu'à des lois conformes aux principes du droit naturel reconnus par elle, faites par ses représentants suivant une forme consacrée par une loi antécédente, et que, de plus, la Constitution lui assure un moyen de réformer, à des époques et à des conditions fixées pour chaque espèce de lois, celles qui paraissent à la pluralité des citoyens, contraires à la justice, ou dangereuses pour la liberté » (1). Il remarque qu'en Amérique, « le respect pour la loi est le premier mobile de la conduite publique et privée des citoyens », en ajoutant que les Français ne connaissent pas encore ce sentiment parce que la France a été pendant si longtemps gouvernée par l'épée (2). Puisque l'Histoire prouve que les hommes obéissent mieux aux lois qu'ils ont faites eux-mêmes, ou par l'intermédiaire de représentants nommés par eux, une démocratie ou une république est chose bonne. Mais une démocratie n'est pas pratique, sauf dans une très petite communauté, dit-il, et dans un grand pays où il faut qu'on élise ses représentants, une république convient le mieux aux hommes libres » (3).

La force du gouvernement est dans l'opinion publique. Le meilleur moyen d'empêcher les abus est donc d'éclairer cette opinion, et pour cela il est urgent d'éclairer les individus. Il faut donc établir un plan d'éducation capable d'aider au maintien des droits de liberté, d'égalité et de fraternité. Cette éducation est indispensable pour tout le monde, pour le riche comme pour le pauvre, et il faut qu'elle permette à chaque individu qui possède quelque talent de le développer libre-

---

(1) *Ibid.*, t. X, p. 177, *Aux amis de la liberté, sur les moyens d'en assurer la liberté*, 7 août 1790.

(2) *Ibid.*, t. X, p. 181.

(3) *Ibid.*, t. X, p. 589-613, *De la nature des pouvoirs politiques dans une nation libre*, novembre 1792.

ment ; elle doit même fournir les occasions de développement.

Cette idée n'appartient pas en propre à Condorcet ; c'est aussi celle de Brissot et de Mme Roland, et c'est probablement à l'Amérique qu'ils l'ont empruntée.

Comme nous l'avons vu, Brissot avait dans le peuple et surtout dans la force de l'opinion publique une confiance illimitée. Il voyait le peuple « toujours juste » s'il ne se laissait pas aveugler par « des chefs malins » (1). Il citait le cas d'une foule qui, pendant une disette de pain, ne s'était pas laissé emporter à commettre des excès parce qu'elle connaissait les causes de la disette, et, sachant qu'il n'y avait pas d'eau pour faire marcher les moulins, savait prendre son mal en patience, sans manifester bruyamment (2).

Mme Roland pense comme lui que le peuple est toujours sage et qu'il ne ferait jamais de mal s'il n'était trop souvent déçu. « Il ne faut pas être profond politique pour savoir que l'opinion fait la force des gouvernements », dit-elle, et on doit prendre soin d'éclairer l'opinion (3).

L'œuvre accomplie par Condorcet en faveur de l'instruction publique et gratuite est tellement connue qu'il n'est pas besoin d'y insister. Tout le monde connaît son idée maîtresse que « la société doit au peuple une instruction publique et relative aux diverses professions et comme moyen de perfectionner l'espèce humaine » (4). Aujourd'hui on recommence en France à lire et à citer ses opinions, au sujet de l'école unique et de l'instruction gratuite, même au degré secondaire. C'est que les idées de Condorcet sont modernes. Il avait une très grande influence dans tout le pays à l'époque de la Révolution, et comme il fut l'auteur du rapport et du projet de décret sur l'organisation générale de l'instruction publique, qui devaient être présentés à l'Assemblée législative le 21 avril 1792, son plan eut une très grande notoriété.

Enfin, Brissot, Condorcet et Mme Roland croyaient tous trois fermement que l'éducation devrait être plus générale, si

(1) *Patriote fr.*, 10 août et 10 novembre 1789.
(2) *Ibid.*, 25 août 1789.
(3) Mme Roland. *Mémoires*, t. I, p. 122.
(4) *Chronique de Paris*, 25 mars 1791.

l'on voulait assurer une amélioration de la société et de la race humaine. Pour eux, les réformes humanitaires, toutes imbues d'un esprit de fraternité, n'auraient aucune chance de demeurer et de se poursuivre si le peuple n'était pas éclairé et de plus en plus instruit. Il nous reste à montrer que sur ce point comme sur tant d'autres, ces trois grands esprits ont fait usage des précédents fournis par l'Amérique.

Brissot a été frappé par le fait que le principe de la nécessité d'instruire les hommes de leurs droits et de leurs devoirs sociaux, pour empêcher le despotisme, est si bien établi dans l'esprit américain qu'on n'élève pas de petit village au milieu des forêts sans bâtir en même temps une école (1). « La première maison qu'on y bâtit est pour le ministre (2), la seconde pour l'école ; on songe ensuite à une imprimerie » (3). Il est évident que tous les citoyens doivent savoir lire et écrire, et qu'ils devraient employer les jours de repos, comme le font les paysans d'Angleterre et d'Amérique, à lire de bons livres et à s'instruire. Il faudra donc leur fournir, comme on le fait dans ces pays, des gazettes qui les informeront de tout ce qui se passe chez eux et au dehors, de tout ce qui peut les intéresser et les développer (4).

Ces idées de Brissot sur l'éducation étaient éminement démocratiques, mais en revanche il n'était guère féministe, et il n'était pas partisan de donner aux femmes autant d'instruction que l'eût fait Condorcet, qui trouvait que les femmes ne devaient être exclues d'aucun des avantages de l'instruction (5). Brissot est d'avis qu' « une éducation publique convient aux hommes, mais une école maternelle suffit pour les femmes (6) ». C'était assez l'idée qui prévalait en Amérique à cette époque et nous savons que durant la période coloniale il n'y avait

---

(1) *Patriote fr.*, 25 novembre 1789.
(2) *Ministre* signifie ici *pasteur*.
(3) *Patriote fr.*, 16 février 1790.
(4) *Ibid.*, 19 février 1790.
(5) Condorcet, *Œuvres*, t. VII, p. 215, 220, 226 et *Chronique de Paris*, 6 mai 1793 (Education des femmes).
(6) *Patriote fr.*, 27 septembre 1791.

pour les femmes que des établissements élémentaires (1). Peut-être faut-il dire cependant, pour rendre justice à Brissot, qu'il trouvait les femmes suffisamment intelligentes pour n'avoir pas besoin de tant d'instruction, puisqu'il déclara, quand il s'agit de les admettre dans les tribunes réservées au public à l'Assemblée nationale, que les hommes étaient encore trop enfants pour discuter devant les femmes (2)!

Et pour ce qui est de Condorcet, il avançait certainement beaucoup sur son temps. Lorsqu'il disait que le seul moyen d'améliorer le sort de l'humanité « c'est d'accélérer le progrès des lumières », et que les États-Unis étaient libres d'agir en conséquence, depuis leur séparation d'avec l'Angleterre, il avait raison (3). Et c'est ce qu'ils avaient fait. A l'époque de la Révolution américaine, *l'Ordonnance de 1787* avait établi dans toutes les sections du Territoire du Nord-ouest des écoles publiques et gratuites. Ainsi l'instruction publique faisait partie intégrale de la République du Nouveau Monde, dès les premiers jours de son existence. Cependant les écoles élémentaires seules y étaient gratuites jusque-là, et il faut reconnaître que c'était plutôt en causant avec des Américains d'opinions très avancées que Condorcet avait mûri ses idées, mais que les conditions alors existantes aux États-Unis étaient loin de représenter l'idéal qu'il rêvait. Nous sommes d'accord avec M. Léon Cahen quand il dit : « Condorcet croit de toute son âme à l'action morale de l'éducation et plus encore à celle de l'instruction. Ses réflexions, ses lectures, ses entretiens avec les hommes comme Franklin, l'ont conduit de bonne heure à formuler certains principes dont il ne s'écartera plus » (4).

---

(1) Dans la Nouvelle-Angleterre existaient des *Dames Schools* où les vieilles dames enseignaient aux enfants la lecture, l'orthographe et le calcul. Les jeunes filles y apprenaient aussi l'ouvrage à l'aiguille.

(2) *Patriote fr.*, 10 octobre 1789.

(3) Condorcet, *Œuvres*, t. VIII. p. 30; *Sur l'infl. de la Rév. d'Amérique*.

(4) Cahen, *Condorcet*, p. 337-338; cf. Condorcet, *Œuvres*, t. III, p. 222, *Eloge de Guettard*, et t. VIII, p. 452-487, *Sur les Assemblées provinciales*, 1788.

CHAPITRE V

LES PRINCIPES DÉMOCRATIQUES APPLIQUÉS
A L'ADMINISTRATION MUNICIPALE

I. — Indépendance et autonomie des villes.

Ces mêmes principes que Brissot et Condorcet avaient trouvés bons pour le gouvernement national, ils les ont appliqués à la municipalité. Considérons d'abord l'œuvre de Brissot. Le travail qu'il a fourni pour l'organisation des municipalités est certainement plus important que tout le reste de son œuvre (1). Il fut membre très actif des assemblées des représentants qui gouvernèrent Paris de septembre 1789 à octobre 1790, notamment de *l'Assemblée municipale* ou *Cent-Vingt* et de la *Commune provisoire* ou *Trois Cents* (2), et il eut une part immense dans la transformation qui devait faire, de la capitale de l'ancien régime, une ville démocratique et moderne, jouissant librement de son organisation permanente. Les lois administratives et municipales qu'il proposa furent la plupart du temps adoptées, et il n'est pas difficile d'en retrouver les traces dans nos institutions municipales d'aujourd'hui, car Brissot était, en bien des

(1) *Patriote fr.*, 14 août 1789.
(2) *Cent-Vingt,* 25 juillet au 18 septembre ; *Trois Cents,* jusqu'au 8 octobre 1790 ; Brissot était toujours membre de la *commune provisoire,* octobre 1790 ; il fut éliminé dans les élections pour la *commune constitutionnelle.* — Voir *Chronique de Paris,* 15 septembre 1791.

choses, en avance sur son temps et prophète de l'avenir.

Ce qui nous intéresse le plus dans son œuvre municipale c'est le fait que, lorsqu'il faisait partie du comité chargé de rédiger un plan pour les nouvelles municipalités, il proposait un projet dont plusieurs points étaient comparables à certaines dispositions de l'administration des villes américaines. On ne peut dire exactement à quel degré il avait été influencé par ce qu'il avait vu dans cet ordre de choses en Amérique, mais nous savons qu'il avait visité plusieurs municipalités et qu'ils avait été fort impressionné par la prospérité des communautés de Boston, New-York et Philadelphie, pour ne nommer que celles-là, et qu'il en parle avec complaisance dans son *Nouveau Voyage*. Notant l'activité qui régnait partout à New-York, où l'on bâtissait des maisons, où l'on dessinait des rues, où l'on établissait des pompes publiques, il écrivait : « Que les hommes qui doutent des effets prodigieux de la liberté sur l'homme et sur son industrie, se transportent en Amérique ; de quels miracles ils seront témoins ! Tandis que presque partout en Europe, les villages et les villes tombent en ruines, plutôt que d'augmenter, ici des édifices nouveaux s'élèvent partout » (1).

Au commencement de la discussion d'un plan municipal à propos de la séparation qui doit exister entre les affaires de la nation et celles de l'État ou de la ville, séparation qui existe aux États-Unis, il insistait sur ce point essentiel que le droit de rédiger un projet municipal n'appartenait point à l'Assemblée nationale, mais à la ville même. Il voulait assurer l'indépendance et l'autonomie des villes trouvant qu'elles devaient se constituer municipalement par elles-mêmes. Ses idées sur ce point sont bien exprimées dans le discours qu'il prononça le 21 juillet 1789 au district des Filles-Saint-Thomas et où nous trouvons ceci :

« Dans un royaume étendu comme la France, et libre, je découvre trois sortes d'assemblées ; le rapport des *habitants* d'une même cité, ce qui constitue la Municipalité ; le rapport des villes d'une même province, ce qui constitue l'administra-

(1) Brissot, *Nouv. Voyage*, t. I, p. 237 et 238.

tion provinciale, le rapport des provinces d'un même royaume, ce qui constitue des États-Généraux ou une assemblée provinciale.

« Dans un royaume librement constitué, tous ces rapports étant indépendants les uns des autres, doivent être distincts, séparés et confiés à des risques, quand des pouvoirs différents reposent dans une même main; et tel est le principe qui, par exemple, est observé constamment dans les États-Unis d'Amérique » (1).

Le plan de l'organisation municipale que Brissot proposa au comité établit : « 1° Que les habitants d'une même cité ont le droit de se constituer en municipalité, c'est-à-dire, d'établir une administration et une police pour tout ce qui peut être commun entre eux comme habitants de la cité.

« 2° Que les cités des anciennes provinces ont pareillement le droit inaliénable d'établir une administration provinciale pour tout ce qui peut être commun entre toutes ces cités.

« 3° Que les assemblées municipales et provinciales doivent être, quant à leur objet et à leur pouvoir, bien distinctes et séparées de l'Assemblée nationale, qui ne doit embrasser que les objets communs à la généralité du royaume; que néanmoins les principes sur lesquels doivent être appuyées ces administrations municipales et provinciales, ainsi que leurs règlements, doivent être entièrement conformes aux principes de la Constitution nationale; que cette conformité est le lien fédéral qui unit toutes les parties d'un vaste empire » (2).

Brissot discernait fort bien la différence entre une république et une municipalité et, en conséquence envisageait une politique différente pour chacune d'elles. Il a dit que les membres de la communauté doivent avoir une administration de plus longue durée que les représentants, qui en Amérique sortent *tous à la fois* au bout de deux ans et parce que les objets dont ils s'occupent peuvent être connus avant d'arriver à la

(1) *Patriote fr.*, 6 août 1789.
(2) *Patriote fr.*, 14 août 1789, Buchez et Roux, t. II, p. 420.

Chambre, tandis que l'objet des municipalités demande une pratique longue et difficile (1).

Aussi, critiquant le plan de Sieyès qui proposait la division régulière des provinces et des municipalités, il disait :

« Il semble que l'auteur ait opéré dans les nouveaux États-Unis d'Amérique, où tout se prête à la main du Créateur, où l'ordre le plus parfait peut être établi, parce qu'il n'y existe point d'hommes. Le Congrès a bien profité de cet avantage pour faire des divisions régulières. Ces divisions ne peuvent pas être introduites dans une vieille contrée déjà irrégulièrement peuplée, irrégulièrement divisée, déchirée par l'anarchie. Il nous faut des municipalités urbaines et rurales, des assemblées provinciales. Il faut qu'elles soient sur-le-champ en activité parce qu'il faut rétablir le pouvoir exécutif » (2).

Condorcet s'intéressa, lui aussi, beaucoup à l'organisation des municipalités. On sait qu'il fut, à une époque, vice-président du *Comité des recherches* de la Municipalité parisienne.

Avant même la Révolution, il s'était exprimé en faveur de l'autonomie des villes, déclarant qu'une ville avait le droit de se gouverner seule et de régler toutes ses affaires. Comme on a déjà montré, et fort bien montré, comment cette idée a été développée par lui (3) et qu'il ne s'appuie pas sur l'exemple américain, nous laisserons le sujet pour passer à la question du siège du gouvernement.

II. — Question du siège du gouvernement.

Lors de la discussion à l'Assemblée, Mirabeau voulant étendre à l'Assemblée nationale elle-même le projet d'alterner entre les principaux chefs-lieux des districts la résidence des assemblées administratives, Brissot cita dans son journal l'exemple de l'Amérique et observa que cette idée avait été

(1) *Patriote fr.*, 22 août 1789.
(2) *Patriote fr.*, 2 octobre 1789.
(3) Sagnac, *Condorcet et son « Moniteur » de 1788*, (sur un journal attribué à Condorcet, relatif aux municipalités), *Revue d'histoire moderne*, 1911, t. XV, p. 548.

déjà proposée pour le Congrès américain, et avait donné lieu cette même année à des discussions très approfondies qui l'avaient fait abandonner :

« 1° Parce que toutes les villes ne présentent pas les mêmes convenances pour les députés de tout un royaume ;

« 2° Parce qu'obligé de restreindre la préférence à quelques villes, on crée des jalousies ;

« 3° Parce que la résidence de la première Assemblée de la nation, attirant à sa suite le corps diplomatique, les étrangers et une foule d'affaires, attire aussi le luxe et une foule de désordres. Ces considérations ont déterminé le Congrès à bâtir une ville fédérale dans le centre des États-Unis » (1).

En ce qui concerne cette « ville fédérale », il est intéressant de noter la croyance où était Brissot que la ville où siégeait le gouvernement national doit posséder un gouvernement séparé et distinct. Il avait été aux États-Unis au moment de la discussion sur l'endroit où devait siéger le Congrès, et aucun des arguments mis en avant à cette époque pour le choix d'une ville spécialement réservée ne lui avait échappé. Il s'en est souvenu lorsqu'il a écrit : « On sent la nécessité d'écarter le Congrès de Philadelphie ou de New-York, parce qu'on sait par expérience que les habitants de nos villes ont beaucoup d'influence sur certaines décisions du Congrès » (2). A son avis, Paris devrait avoir également un gouvernement spécial, semblable à celui que les Américains avaient donné à la ville de Washington (3). Puisque Paris comptait le trentième de la population de la France et plus d'habitants que certaines provinces, il lui trouvait le droit d'établir pour lui-même une constitution tout à la fois municipale et provinciale (4).

(1) *Patriote fr.*, 10 décembre 1789.
(2) Brissot, *Corresp.*, p. 203.
(3) District de Columbia.
(4) *Patriote fr.*, 14 août 1789 (la question fut reportée à plus tard). Voir *Observations sur la nécessité d'établir dans les différents districts et dans l'assemblée générale des électeurs de Paris, des Comités de Correspondance avec les députés de Paris aux États-Généraux*, 2 avril 1789. Voir aussi Chassin, *Les Élections et les Cahiers de Paris en 1789*, t. II, p. 403.

Dans l'administration de la capitale, nous trouvons Condorcet du même avis que Brissot. Il dit : « Si la France formait une République fédérative, il n'est pas douteux que son Congrès, placé dans un des États-Unis, ne dût avoir une garde indépendante.

« Aussi les Américains, pour éviter les inconvénients de cette institution vicieuse, ont-ils créé une ville uniquement destinée à la résidence du Congrès et soumise à sa seule autorité » (1).

Lorsqu'on proposa à l'Assemblée nationale de se transporter à trente lieues de Paris (et on en donnait pour raison le défaut de liberté causé par l'opposition des intérêts entre la capitale et les provinces), il sut prouver que les intérêts de Paris sont ceux des provinces.

« Ne faites rien contre la capitale », dit-il, « vous agiriez » inutilement, et ce que vous feriez contre elle retomberait sur les provinces ; ne faites rien pour elle, elle n'y gagnerait pas, et les provinces y perdraient. » En même temps il affirme que « parmi les avantages d'une capitale qui n'est que capitale, on doit compter pour beaucoup celui de placer tous les pouvoirs dans le lieu où il y a le moins d'erreurs et d'intérêts particuliers » (2).

Au mois de septembre 1792 lorsqu'on parlait de transférer le gouvernement hors de Paris, Mme Roland écrivait à Bancal à Clermont : « Washington fit bien déplacer le Congrès, et ce n'était point par peur » (3).

Ainsi Brissot, soutenant l'autonomie des villes, et Condorcet souhaitant la communauté cantonale et une ville uniquement capitale, et Mme Roland disant que « la sagesse voudrait

---

(1) *Chronique de Paris*, 21 octobre 1792.
(2) Condorcet, *Œuvres*, t. X, p. 139 et 140, *Sur le préjugé qui suppose une contrariété d'intérêts entre Paris et les provinces*, 10 et 17 juillet 1790.
(3) Mme Roland, *Lettres*, t. II, p. 434.
Sur ce projet de changement du siège du gouvernement, voir tous les historiens de la Révolution, et en outre le discours de Fabre d'Eglantine aux Jacobins du 5 novembre 1792 (Aulard, *op. cit.*, t. IV, p. 402 ; Cf. Buchez et Roux, *op. cit.*, t. XX, p. 238).

peut-être » qu'on changeât le lieu du gouvernement, tous s'appuyèrent sur l'exemple de l'Amérique (1).

(1) Tocqueville a démontré l'importance de l'indépendance communale en Amérique dès le début. Il dit :

« Chez la plupart des nations européennes l'existence politique a commencé dans les régions supérieures de la société, et s'est communiquée peu à peu. et toujours d'une manière incomplète, aux diverses parties du corps social.

« En Amérique, au contraire, on peut dire que la commune a été organisée avant le comté, le comté avant l'Etat, l'Etat avant l'Union. Dans la Nouvelle-Angleterre, dès 1650, la commune est complètement constituée. (La commune de la Nouvelle-Angleterre [Township] tient le milieu entre le canton et la commune de France. On y compte en général de 2 à 3.000 habitants.)

. . . .

« En France, le percepteur de l'Etat lève les taxes communales ; en Amérique, le percepteur de la commune lève la taxe de l'Etat.

« Ainsi, parmi nous, le gouvernement central prête ses agents à la commune, en Amérique, la commune prête ses fonctionnaires au gouvernement. Cela seul fait comprendre à quel degré les deux sociétés diffèrent. »

Tocqueville, *La Démocratie aux Etats-Unis*, p. 36-39, 71, 80.

CHAPITRE VI

PROPAGATION DES PRINCIPES DE LA RÉVOLUTION A L'ÉTRANGER

I. — La guerre à l'étranger.

Nous avons vu que Condorcet, Brissot et Mme Roland favorisaient tout ce qui pouvait tendre au bon fonctionnement de la Constitution, fût-ce au détriment de la majesté royale. Mais, ce faisant, ils avaient effrayé les monarques européens qui se virent dès lors obligés d'éteindre l'incendie dans la maison de leur voisin de France. Nos révolutionnaires s'aperçurent qu'ils ne pouvaient pas conserver leurs libertés récemment acquises sans forcer l'étranger à les respecter et à les laisser tranquilles chez eux. Ainsi furent-ils amenés à porter la Révolution hors des frontières françaises et à en répandre les principes dans le monde entier.

Lorsque l'Assemblée législative déclara la guerre contre l'Autriche en 1792, ses membres étaient enthousiasmés par l'exemple qu'ils croyaient trouver dans les Américains déclarant la guerre à l'oppression anglaise. Ils y voyaient un encouragement de bon augure pour l'avenir de la Révolution et de son noble idéal. A plusieurs reprises, nos trois amis surtout allaient se rappeler que les Américains « avec peu de soldats ont gagné de nombreuses batailles sur les forces supérieures des Anglais, et c'était parce que leur cause était juste ». Ils combattaient, eux aussi, pour la liberté, dit

Brissot, qui ajoute : « Les Américains, sans troupes, sans argent, mais forts du courage de tous les citoyens, ont brisé un joug odieux, ont bravé l'Angleterre, ses flottes, ses guerriers et fondé un empire où règnent l'égalité, la vertu, la tolérance et le bonheur » (1).

Brissot dit encore que si les Français craignent l'invasion, ils n'ont qu'à se servir de l'exemple qu'avaient donné les Américains, ils n'ont ensuite qu'à se fier à eux-mêmes : « Les Américains, sans troupes disciplinées, sans munitions, sans artillerie, sans vaisseaux, sans argent, ont pu résister et vaincre, après sept ans de combats, une nation brave, riche, dont la marine ne connaît point d'égale. » D'après lui, les Français sont mieux préparés que ne l'étaient les colons d'Amérique, car leurs places sont bien fortifiées, leur armée disciplinée et nombreuse et les gardes nationales familiarisés déjà avec les fatigues militaires. Il ne se lassera pas de répéter que les colonies anglaises d'Amérique étaient sorties victorieuses de leur révolte, et que la France peut en faire autant (2). Il essayera même de persuader la Société des Jacobins que la guerre ne présente aucun danger, car des héros se révéleront, en France comme en Amérique (3).

Ces exhortations et ces encouragements furent répétés par les abonnés du *Patriote français* et de la *Chronique de Paris* (4).

Brissot dit aussi que les Français doivent avoir confiance dans leurs généraux et dans leurs chefs, et il se plaît à rappeler les efforts prodigieux d'un Warren à Bunker Hill, d'un Washington à Valley Forge et à Trenton, tous deux inspirés du plus pur amour de la liberté et du besoin d'indépendance de leur pays. Il voit dans la confiance qu'ils surent faire vibrer aux cœurs de leurs soldats tout le secret du succès final des États-Unis. Washington, malgré ses défaites, ne fut pas

---

(1) *Patriote fr.*, 9 septembre 1790.

(2) Aulard, *Société des Jacobins*, t. III, p. 303, *Discours sur la nécessité de faire la guerre aux princes allemands*, 30 décembre 1791.

(3) *Ibid.*, t. II, p. 619-620, *Discours sur la question de savoir si le roi peut être jugé*, le 10 juillet 1791.

(4) *Chronique de Paris*, 25 janvier et 24 juillet 1792.

accusé une seule fois par les siens, et dans une guerre qui dura sept années on ne compta qu'un traître (1) ; et Brissot observera plus tard que lorsque les Français avaient confiance dans leurs généraux, pendant les premiers six mois de la République, ils avaient gagné des batailles ; c'est lorsqu'ils abandonnèrent ce principe, aux heures de panique, qu'ils subirent des revers (2).

Désireux de donner une base à son opinion qu'on n'aurait pas à craindre qu'à la suite d'une guerre le pouvoir exécutif reprît sa première autorité, il montra encore que « Washington n'a pas abusé de sa force pour être maître. Les soldats ne l'auraient pas suivi dans sa trahison » (3).

Surtout il pensait que les Français devaient avoir confiance dans leur gouvernement et ne pas accabler l'assemblée de leurs plaintes et de leurs réclamations. « On n'a pas permis, en Amérique, que le Congrès fût persécuté de cette façon ; les Américains laissaient faire, mais ils surveillaient, et ils ne mandaient pas éternellement à leur barre », répondait-il à Legendre qui venait se lamenter de ce que des soldats n'avaient pas de souliers (4).

Remarquons d'ailleurs que dans l'esprit de Brissot il ne faisait pas doute que l'Amérique dût venir au secours de la France, que les deux nations ne signassent bientôt un traité d'alliance défensive autant que de commerce. C'est qu'en effet les Américains encourageaient la Révolution française de toutes les façons possibles dans leurs journaux, dans leurs propos ; le parti républicain surtout ne ménageait pas ses encouragements, du moins jusqu'aux excès de la Terreur qui allaient aliéner la sympathie de l'Amérique plus encore peut-être que celle de l'Angleterre. Les États-Unis s'en sont tenus à la neutralité après que le conflit eut commencé entre la France, l'Autriche et l'Angleterre (5). Mais Brissot était con-

---

(1) Benedict Arnold, sans doute.

(2) Brissot, *Mémoires*, t. II, p. 315. *Défense devant le tribunal Révolutionnaire.*

(3) *Patriote fr.*, 20 décembre 1791.

(4) *Patriote fr.*, 17 octobre 1792, Séance de l'Assemblée législative du 16 octobre 1792.

(5) *Chronique de Paris*, 18 juin 1793. En 1793, à l'occasion de la guerre entre la Grande-Bretagne, la Hollande, l'Espagne et la France, les Etats-

vaincu que les Américains soutiendraient le nouveau régime. Les sentiments qui s'étaient généralement manifestés dans des occasions telles que la célébration du 14 juillet 1792 à Philadelphie où l'on avait porté des *toasts* en l'honneur de la Révolution française, prouvaient assez, pour lui, que les principes de la liberté civile et religieuse établis par les Français tendaient à leur assurer plus que jamais le soutien des citoyens de l'Amérique-Unie (1).

Evidemment, l'amitié des Américains allait plus loin que leurs applaudissements, puisqu'aussitôt que l'on eut reçu à Boston la nouvelle que la France avait entamé les hostilités contre ses ennemis, un projet fut formé pour lui envoyer des volontaires, comme « une preuve de la reconnaissance des Américains » et du plaisir qu'ils auraient à « mêler leur sang avec celui de leurs bons alliés, pour la défense des droits de l'homme ». Brissot était persuadé qu'une fois cette décision prise le gouvernement de Washington ferait très certainement son possible pour pourvoir à la subsistance et au transport de ces volontaires, et qu'il serait le premier à les aider (2). Il n'avait jamais cessé de regarder les Américains comme des alliés de la France nouvelle.

En 1791, les habitants de Pennsylvanie avaient félicité le peuple français de ses succès et leurs félicitations apportaient un encouragement précieux à la Révolution, fondée sur cet axiome que le principe de tout pouvoir réside naturellement dans le peuple qui en est la source, et de qui toute autorité doit émaner (3). Par la même occasion, ils avaient loué les Français de ce que leur nouveau gouvernement présentait tant de ressemblances avec la république d'outre-Atlantique : « quoique différemment organisé, (il) offre une telle homogé-

Unis firent une proclamation où ils rappelèrent à tous leurs habitants combien il leur importait de suivre les règles du droit des gens, et de se tenir, pendant la guerre entre ces puissances, dans les limites de la plus stricte neutralité, sans qu'il puisse être question pour eux de favoriser directement ou indirectement les uns au préjudice des autres.

(1) *Patriote fr.*, 1er octobre 1792.
(2) *Ibid.*, 15 septembre 1792.
(3) *Chronique de Paris*, 7 juin 1791. *Lettre du Congrès et de l'Etat de Pennsylvanie à l'Assemblée nationale.*

néité de principes avec le nôtre qu'il ne peut manquer de cimenter l'amitié qui nous unit par des liens encore plus étroits, puisqu'ils seront plus fraternels ».

L'Assemblée nationale remercia l'État de Pennsylvanie de ses compliments, en assurant qu'elle ferait de son mieux pour « transplanter et défendre dans la vieille Europe cet estimable présent du nouveau monde » qu'est la liberté : « Vive la France ! n'oubliez point ce qu'elle *doit* à vos exemples et à la Pennsylvanie, au sein de laquelle les législateurs de l'Amérique osèrent annoncer au monde les vrais principes de l'art social » (1).

Condorcet rappelle encore le souvenir des Américains quand il pousse ses compatriotes à la guerre. Il considérait comme sacrée la guerre contre les pays étrangers qui menaçaient la liberté nouvellement acquise, sacrée « non comme celle des Grecs, qu'une jalouse superstition aveuglait, mais comme celle des Américains qui combattaient pour leur indépendance » (2). Afin d'encourager le peuple libéré à avoir confiance dans ses propres forces, il avançait l'exemple de Franklin qui, en dépit des revers subis par les milices américaines sur les bords de la Delaware, ne cessait d'avoir confiance, et répétait : « Ça ira. » Il lui semblait qu'avec des ressources supérieures à celles des Américains, les Français ne pouvaient qu'être plus sûrs encore de la victoire finale (3). Les soldats de la liberté peuvent tout faire, tout accomplir. « Qu'il paraisse de nouveaux Washington ! » (4).

Dans la *Chronique de Paris*, le courage des insurgés américains est maintes fois rappelé : la défaite infligée à Brown par Starks à Benningham, à Morgan par Tarleton à Cowpens, la formation d'un corps d'artillerie avec des hommes sans expérience, par Knox, les exploits de Washington, de La Fayette, de Gates et de tant d'autres. Les Américains, dans leur lutte contre les Anglais et les Hessois fournissaient une

(1) *Ibid.*, 9 juin 1791.
(2) *Ibid.*, 9 mai 1793.
(3) *Ibid.*, 14 septembre 1792.
(4) *Chronique de Paris*, 31 décembre 1792.

source sans rivale d'inspiration et de réconfort aux Français et il était facile de broder encore sur ce thème, en prenant les femmes américaines pour modèles, en montrant leur bravoure, leur héroïsme, leur foi indomptable dans le succès d'une cause juste (1).

Lorsqu'il voudra répondre à cette question : « Peut-on faire la guerre seulement avec des troupes dont les soldats ne sont point encore engagés ? », Condorcet rappellera que l'expérience de l'Amérique a prouvé le danger d'une telle extrémité, et dans les circonstances si difficiles que traversait alors la France ce défaut de troupes régulières et bien rompues à l'attaque courait grand risque de ruiner la cause de la liberté. « Ce n'est pas en Europe comme en Amérique, » dit-il, « où une armée, en disparaissant presque tout entière, n'abandonnerait à l'ennemi que des déserts impraticables » (2). De fait, il est indéniable qu'il y avait, entre les deux pays, des différences géographiques essentielles, qui exigeaient des différences de tactique considérables.

Ainsi, dans cette guerre « vertueuse », Condorcet compte énormément sur le secours des Américains, comme aussi sur celui des Anglais et même celui des Polonais, qui peut-être verraient là une occasion de secouer le joug de leurs oppresseurs (3).

Ces idées de Condorcet sur la guerre étrangère eurent évidemment de l'influence puisque son *Projet de manifeste de la Nation française à tous les peuples de l'Europe*, lu par lui à la tribune de l'Assemblée législative le 29 décembre 1791, fut adopté par l'Assemblée, qui en ordonna même l'impression, la traduction dans toutes les langues d'Europe, l'envoi aux départements et à l'armée, et qui décréta qu'elle serait portée au roi par une députation de vingt-quatre de ses membres (4).

Mais l'enthousiasme, le courage et la confiance ne suffisent

(1) *Ibid.*, 6 mars et 24 novembre 1792.
(2) *Ibid.*, 21 janvier 1792.
(3) 26 janvier 1792.
(4) Condorcet, *Œuvres*, t. X, p. 253, *Déclaration de l'Assemblée Nationale*, 9 décembre 1791.

pas pour rendre une guerre victorieuse. En plus de cela, il faut de l'argent. Brissot et Condorcet avaient des opinions très précises sur le moyen de financer cette lourde guerre. Condorcet, qui avait été secrétaire de la Trésorerie, se montre sur les questions monétaires homme d'idées profondes, saines et scientifiques ; les brochures et traités qu'il a écrits sur l'état des finances et pour la solution de certains problèmes qui en découlaient sont là pour l'attester. Quant à Brissot il n'hésitait pas davantage à s'exprimer sur les questions du papier-monnaie et des assignats, et à fournir des arguments très sages.

Tous deux ont donné beaucoup de place à ces questions dans leurs journaux, mais nous ne nous arrêterons pas là-dessus, puisqu'il ne nous serait pas possible de préciser l'influence qu'a eue l'Amérique sur ce point spécial. Toutefois, et en passant, il faut bien noter que cette influence est indubitable.

Brissot ne craignait pas pour la France, les troubles économiques dus, en Amérique, à l'emploi du papier-monnaie et qu'il avait pu y observer lui-même, parce qu'il voyait dans les assignats tout autre chose. « L'assignat est plus solide », affirme-t-il, « plus attrayant que le billet de caisse » (1). Il a plus d'une objection contre le papier-monnaie, surtout à cause de la misère que cette manière d'échange causa en Rhode-Island, et il trouve que la Constitution nouvelle des États-Unis a bien fait de retirer aux divers États de la grande Confédération le pouvoir de mettre en circulation le papier-monnaie tel qu'il avait d'abord été imaginé (2).

Répondant à Dupont, qui avait parlé du discrédit et rappelé que le papier d'Amérique avait perdu énormément parce qu'il ne représentait aucune base sûre, aucune couverture d'or ou d'argent (3) et parce qu'il avait été imprimé au milieu de la guerre, Brissot déclare que la hausse du prix des denrées, en Amérique, était due non au papier-monnaie mais à « l'effet

---

(1) *Patriote fr.*, 16 avril 1790.
(2) Brissot, *Nouv. Voyage*, t. I, p. 200 et 212.
(3) *Patriote fr.*, 16 avril 1790.

de la consommation doublée de la moindre production ». Et il ajoute qu'on ne doit pas « comparer les certificats d'Amérique, fondés sur les terres invendables fautes d'acheteurs, avec des assignats, fondés sur des terres en pleine valeur et entourées d'acheteurs ». Il insiste aussi sur ce que le papier de Law, émis sous un régime despotique, était très différent des assignats d'un pays libre (1).

Brissot ne voulait pas suivre « les pays libres », comme il appelle la République américaine et l'Angleterre, dans leur solution de la question des impôts : « Les impôts appuyés sur l'inquisition des fortunes seront vexatoires et despotiques, et pour les taxes appuyées sur les déclarations, comme on en emploie dans les pays libres, il faut que le peuple soit ou religieux ou vraiment patriote pour que la taxe soit productive. » Il trouve que « le patriotisme, surtout celui qui fait avec plaisir des sacrifices pécuniaires, n'est point si commun, et ne peut naître et se propager si rapidement; c'est le fruit du temps, des réflexions, de l'éducation, des exemples, des habitudes, et nous n'avons rien de tout cela » (2).

Il propose donc des billets nationaux et un emprunt volontaire sur la vaisselle d'argent, une idée que Clavière traite aussi dans son ouvrage, *Opinion d'un créancier de l'État* (3). Il favorise les billets qui représentent de petites sommes, afin d'augmenter la circulation et de permettre à tout le monde, même aux plus pauvres, d'en posséder ; ce qui nous montre en lui un précurseur du socialisme, aux tendances nettement démocratiques, un ami des petites gens et des ouvriers.

A Beaumetz, qui soutient que le papier-monnaie ne peut suivre la monnaie dans ses moindres subdivisions, et qu'on ne pourrait, par exemple, émettre des billets de six et de deux sous, il répond qu'il en existe pourtant en Amérique et en Angleterre, et que les assignats de cinq livres ne perdraient pas alors 8 p. 100 de leur valeur, comme c'était le cas pour les assignats d'une somme dix fois plus élevée. « Les pre-

(1) *Ibid.*, 26 septembre 1790.
(2) *Patriote fr.*, 18 septembre 1789; *Réflexions sur le Projet de la taxe d'un pour cent, ou du centième denier.*
(3) *Patriote fr.*, 21 septembre 1789.

miers », dit-il, « s'échangent contre la petite monnaie nombreuse, et qui ne s'exporte pas, tandis que les gros assignats ne s'échangent que contre des écus rares et qui s'exportent. L'homme à New-York a autant de denrées pour un billet d'un shelling que pour un shelling de monnaie ; or, ce n'est pas d'écus que l'ouvrier a besoin, mais de denrées ; il ne voyage pas, il n'a pas de grosses remises à faire à l'étranger ; donc l'ouvrier ne perdra pas » (1).

Condorcet, au contraire, devait combattre, dans trois ou quatre brochures, cette émission des assignats, mais Brissot est d'avis que sa théorie là-dessus ne serait jamais justifiée (2).

La théorie de Condorcet consiste à proroger la dette, et à payer l'intérêt à 5 p. 100. Brissot pense que la nation ne peut pas assumer cette lourde responsabilité. Condorcet, d'après lui, a voulu, par une règle de trois, exagérer le discrédit futur des assignats, en parlant de la perte qu'ils éprouvent quand on les échange contre de l'argent. Il juge qu'en comparant cette perte avec celle des billets de caisse, en considérant que les cas où l'argent sera nécessaire vont devenir de plus en plus rares, on renverserait cette règle de trois, « vicieuse » (3).

Condorcet croyait bien que les petits assignats devaient diminuer le besoin que l'on a de numéraire, mais il lui semblait qu'ils souffriraient la même perte que les plus grands par rapport à l'argent ; seulement cette perte aurait moins d'inconvénients, il le reconnaissait. Mais il prévoit le cas où l'existence, ou même la simple annonce de petits assignats ferait augmenter la valeur de l'argent, en diminuant la masse des besoins pour les dépenses de détail seulement, et en élevant les prix ; « le seul moyen d'éviter cet inconvénient », dit-il, « est de soutenir au pair la valeur du petit assignat, et on remplit ce but s'il est convertible en petite monnaie » (4).

Dans son traité *Sur la proposition d'acquitter la dette*

(1) *Ibid.*, 2 mai 1791.
(2) *Patriote fr.*, 23 septembre 1790 et 9 avril 1791.
(3) *Ibid.*, 23 septembre 1790.
(4) Condorcet, *Œuvres*, t. XI, p. 536-540, *Des causes de la disette du numéraire*, 1790.

exigible en assignats (1), Condorcet confesse qu'il « ignore le degré des maux que la multiplication excessive du papier-monnaie a causés en Amérique » ; mais les conditions, là, n'étaient pas du tout celles qui prévalaient en France. Les États étaient unis. Il fallait repousser l'ennemi, « le papier était pour eux une véritable monnaie obsidionale ; elle avait l'excuse de la nécessité ; la nôtre n'en aurait qu'un excès de confiance dans les idées de quelques commerçants en papier » (2).

II. — Propagation des principes de la Révolution dans les territoires conquis et à l'étranger.

Brissot, Condorcet et Mme Roland voulaient que les principes de la Révolution fussent appliqués dans toutes les colonies françaises. Nous avons vu les efforts de Brissot et de Condorcet pour étendre les droits de l'homme aux noirs, en supprimant la traite des nègres. Brissot déclarait que si la France n'accordait pas la liberté à ses colonies, elles feraient appel aux États-Unis qui les aideraient à se rendre indépendantes (3). A son avis, la France et l'Angleterre, qui jouissaient toutes deux de la liberté, se devaient à elles-mêmes de propager leur idéal dans le monde entier ; et, aux pays qui combattaient pour les idées nouvelles, il citait en exemple les Américains. C'est ainsi que félicitant les Brabançons qui venaient de s'insurger contre la tyrannie impériale pour conquérir leur autonomie, il leur proposait la Révolution américaine comme un modèle à suivre en tous points, d'autant plus qu'il leur reconnaissait toutes les qualités nécessaires pour se gouverner eux-mêmes sous un régime républicain, à savoir, la pureté des mœurs, l'aisance, le sens de la vie agricole. Aussi leur suggérait-il de faire leur Déclaration d'indépendance et de réunir un Congrès de toutes leurs provinces afin d' « y consacrer les raisons qui leur avaient fait déclarer l'Empereur

(1) 1790. Condorcet, *Œuvres*, t. XI, p. 485-515.
(2) *Ibid.*, p. 503.
(3) *Patriote fr.*, 30 mars 1790.

déchu de sa souveraineté sur le Brabant, et enfin d'arrêter un Plan de Confédération, pour défendre leurs droits » (1).

Condorcet appréciait également fort les chefs de cette Révolution comme on peut le voir dans ses articles de la *Chronique de Paris* (2).

Parlant des soldats du régiment Royal-Suédois, qui ne voulaient point faire cause commune avec les autres corps français composant leur garnison, Brissot remarquait encore : « Il faut que les soldats étrangers deviennent des citoyens français, et amis de la Constitution, ou il faut renoncer à leur service. » C'est alors qu'il proposa qu'on traduisît en allemand la Déclaration des Droits, en y joignant une explication pour les étrangers, comme les Américains l'avaient fait lorsqu'ils avaient voulu inculquer les principes libéraux aux Allemands partis d'Europe pour venir s'établir aux États-Unis (3).

A en croire M. Léon Cahen, Brissot est allé plus loin que tous ses amis dans son enthousiasme pour propager sans perdre de temps, les grandes idées de la Révolution (4) ; mais il faut nous rappeler qu'il a fait des objections aux termes du décret du 19 novembre 1792 ; il l'a appelé « protecteur des insurrections », et il a demandé le renvoi au Comité diplomatique (5). Cependant, il devait appuyer le décret du 15 décembre déclarant que les institutions révolutionnaires seraient portées dans tous les pays occupés par la République française, et que la souveraineté du peuple et la suppression de toutes les autorités existantes devraient être proclamées. Brissot voulait établir la liberté et les principes qui en sont la base dans les territoires conquis par les armées françaises. Il était pourtant un peu difficile de réconcilier les mots de liberté, d'indépendance, de peuple souverain, avec l'annexion de Nice et de la

---

(1) *Ibid.*, 10 et 26 novembre 1789. Voir Gorman, *America and Belgium*, (*passim*).

(2) *Chronique de Paris*, 31 décembre 1790.

(3) *Patriote fr.*, 6 mai 1790.

(4) Cahen, *Condorcet*, p. 439.

(5) *Moniteur*, 20 novembre 1792 ; *Patriote fr.*, 20 novembre 1792, et Brissot, *Mémoires*, t. II, p. 305-308.

Savoie, et avec l'ouverture de l'Escaut (1) qu'avait décrétée la Convention en novembre 1792, mais Brissot n'en essaya pas moins de le faire en disant que c'était le désir de ces peuples d'être unis à la France (2). Dans le Projet de Défense qu'il prépara avant de comparaître devant le Tribunal révolutionnaire, il affirmera qu'il n'a jamais approuvé les annexions des pays conquis, mais il insiste néanmoins sur ce que la République française ne doit avoir à l'est d'autres limites que le Rhin (3).

Dans l'affaire d'Avignon, Brissot partagea l'avis de Pétion, qui jugeait que cette ville avait le droit de s'unir à la France et « qu'un engagement sans volonté est nul ». Lorsqu'il défendait le pouvoir du peuple avignonnais contre celui du roi, Brissot croyait bien suivre l'exemple de l'Amérique, mais les formes d'usage diplomatique qui obligeaient à attendre le consentement du Pape lui paraissaient une erreur, que les États-Unis n'auraient jamais commise ! et il s'opposait à l'opinion de Mirabeau, qui trouvait que même si Avignon était libre de se donner, la France n'avait pas le droit d'accepter cette offre, puisque ce serait violer les droits de l'homme et reconnaître les procédés de la vieille diplomatie (4).

La *Chronique de Paris* s'est exprimée en faveur de l'amnistie pour les crimes relatifs à la Révolution, commis à Avignon ou dans le comtat Venaissin jusqu'au 8 novembre, en disant : « C'est une justice envers le peuple avignonnais ; car le décret de réunion n'ayant été promulgué qu'au 8 novembre, on ne devait pas s'attendre que les factions qui divisaient les Avignonnais, et les crimes qui ont été la suite inévitable, dussent cesser avant cette époque, où la protection toute-puissante de la nation française a commencé à se faire sentir sur cette contrée malheureuse » (5).

(1) *Moniteur*, 22 et 28 novembre 1792 et 1 février 1793. Voir aussi *Patriote fr.*, 12 août 1789.

(2) *Patriote fr.*, 6 mai 1790.

(3) Brissot, *Mémoires*, t. II, p. 307-308.

(4) *Patriote fr.*, 18 et 22 novembre 1790 ; Buchez et Roux, *op. cit.*, 22 novembre 1790.

(5) D'après la rédaction présentée par Lacroix, 20 mars 1792. Cet article n'est pas nécessairement écrit par Condorcet.

Brissot et Condorcet voulaient aussi donner la liberté à l'Espagne et aux colonies espagnoles, à l'Amérique du Sud comme à l'Amérique du Nord. Dans son *Avis aux Espagnols*, Condorcet dit que la France et l'Espagne doivent s'unir pour précipiter la maison de Bourbon d'un trône d'où elle peut inquiéter la liberté française, en même temps qu'elle opprime celle de l'Espagne. De tous les pays de l'Europe, il juge que c'est peut-être celui qui doit retirer de la Révolution française les avantages les plus considérables, parce que plus prompts et inespérés ; il encouragea les Espagnols à passer de la servitude à la véritable liberté (1).

Brissot était du même avis. Depuis longtemps il s'intéressait à l'Amérique espagnole. Le 2 avril 1790, il commentait dans *Le Patriote français* une lettre tirée de la *Gazette de Virginie* qui mentionnait un mouvement révolutionnaire en préparation au Mexique. Le moment ne lui paraissait plus très éloigné où les Indiens, et même les créoles de l'Amérique méridionale secoueraient le joug espagnol. « Plus de 100.000 Américains libres sont maintenant établis sur les bords de l'Ohio et du Mississippi : il y en a même déjà d'établis sur la rive méridionale de ce dernier fleuve, dans la Louisiane. Le génie actif et entreprenant des Américains ne connaît point d'obstacles. Le Mexique leur tend les bras, et il est impossible qu'ils n'y soient pas bientôt, ou comme amis et commerçants ou comme défenseurs de la liberté » (2).

Enfin, Brissot croyait que l'heure était venue de rendre indépendante l'Amérique espagnole et que Miranda, qui après avoir aidé la cause de la liberté aux États-Unis, servait maintenant avec Dumouriez dans les armées de la République française, ferait un chef excellent pour soulever ces colonies (3). Aussi écrivait-il d'abord à Dumouriez pour obtenir son consentement, et laisser partir Miranda pour Saint-Domingue, où il fomenterait une révolte ; puis il proposa à ce

(1) Condorcet, *Œuvres*, t. XII, p. 123-136, 1792 : *Avis aux Espagnols*, 1792.

(2) *Patriote fr.*, 2 avril 1790.

(3) Brissot, *Corresp.*, p. 312, Brissot à Servan, 26 novembre 1792 p. 314-320, Brissot à Dumouriez, 28 novembre, 2 et 9 décembre 1792.

général lui-même, le 13 octobre 1792, de prendre la tête d'une révolution qui libérerait les colonies espagnoles. Il pensait qu'il serait facile d'avoir des troupes en faisant appel, aux États-Unis, au grand nombre de « braves soldats qui soupirent après cette révolution » (1). Il croyait que Miranda pourrait opérer à Saint-Domingue une révolution fort calme puisque les ministres avaient consenti à lui donner le gouvernement vacant de cette île (2).

De Liége, Miranda répondit le 19 décembre 1792 qu'il ne pouvait rien faire sans le consentement de son chef immédiat, qu'il craignait de ne pouvoir aller à Saint-Domingue sans alarmer les Cours de Madrid et de Londres (3). Plus tard, il recommandait à Brissot le colonel Henry Lee comme « un de ces hommes dont on peut tirer le plus grand parti dans l'exécution de nos projets sur l'Amérique méridionale » (4). Brissot avait alors entrepris des négociations avec un jeune Espagnol, Marchena, dans l'idée de pousser activement la propagande révolutionnaire dans les colonies espagnoles ; et c'est aussi le moment où on en avait l'idée d'envoyer Genêt chasser les Espagnols du Mississipi (5).

De cette affaire Genêt, nous ne parlerons pas longuement. Ce qui nous intéresse, en effet, c'est seulement le rôle qu'y ont joué Brissot, Condorcet et Mme Roland. Comme on s'en aperçoit maintenant, le but le plus important de la mission de Genêt était de soulever les habitants de la Louisiane et de les amener à secouer le joug de l'Espagne, d'ouvrir le Mississipi dont l'Espagne gardait l'embouchure et de fonder une république indépendante toute en faveur de la France (6). Nous

---

(1) Brissot, *Corresp.*, p. 303, Brissot à Miranda, 13 octobre, 1792 ; p. 312, Brissot à Servan, le 26 novembre 1792 ; p. 314-317, Brissot à Dumouriez, Paris, 28 novembre 1792.

(2) Brissot, *Corresp.*, p. 314-320.

(3) *Ibid.*, p. 321, Miranda à Brissot, 19 décembre 1792, de Liége.

(4) Brissot, *Corresp.*, p. 323 ; Miranda à Brissot, de Bruxelles, le 28 décembre 1792.

(5) Ellery, *op. cit.*, p. 315-316, 360-361. Voir aussi Goetz Bernstein, *La Diplomatie secrète des Girondins*, p. 323.

(6) Turner, *The Origin of Genêt's Projected Attack on Louisiana and the Floridas* dans *Am. Hist. Rev.*, t. III, p. 650.

savons que Brissot et Mme Roland s'intéressaient à Genêt et qu'ils avaient pesé de toute leur influence sur le choix qu'on en avait fait en l'envoyant comme ministre plénipotentiaire aux États-Unis (1). L'admiration qu'éprouvait Brissot pour la République américaine fut cause qu'il voulut envoyer à ce jeune pays un homme plein de zèle pour la révolution et « dont le caractère et les mœurs dussent plaire aux Américains ». C'est chez Mme Roland que le nom de Genêt fut mis en avant comme possible (2). Selon Otto, un ancien secrétaire au bureau des Affaires étrangères, ce serait Brissot qui l'aurait proposé, et ce fait se trouve confirmé par Mme Roland dans ses *Mémoires* (3). Du reste Brissot désavoua plus tard toute participation dans cette nomination et déclara n'avoir jamais usé de son influence pour le faire envoyer à ce poste important. « C'est son mérite seul qui l'a commandé au ministère Lebrun; » a-t-il dit par la suite, « il avait donné des preuves de son patriotisme à la Cour de Russie. La Convention, à qui sa nomination fut notifiée dans la séance du 21 décembre 1792 l'a vue avec plaisir, et les Américains lui ont rendu justice en l'accueillant avec une distinction flatteuse pour la République » (4). Lors de son procès, en octobre 1793, Brissot con-

(1) Archives nationales W 292, dossier 204, 5° partie, n° 7. (L'affaire des Girondins); Brissot, *Mémoires*, t. II, p. 272; Brissot, *Corresp.*, p. 378-385. *Interrogatoire de Brissot*, 15 octobre 1793; *Moniteur*, 27 octobre 1793, *Bulletin du Tribunal révolutionnaire. Révolutions de Paris.*

(2) Mme Roland, *Mémoires*, t. I, p. 265-266 et note (Edmond-Charles Genêt, chargé d'affaires à Saint-Pétersbourg en 1789, rappelé le 19 juillet 1782).

(3) Turner, *Documents on the Relation of France to Louisania, 1792-1795*; dans *Am. Hist. Rev.*, t. III, avril 1898, p. 490-516 et 654; *Instructions à Genêt*, décembre 1792, dans la *Correspondance des ministres français* aux Etats-Unis, 1791-1797, éd. par Frédéric J. Turner, *Annual Report of Am. Hist. Ass'n.*, 1903, t. II, p. 201-207; Mme Roland, *Mémoires*, t, I, p. 265-266.

(4) Brissot, *Mémoires*, t. II, p. 256; *Moniteur*, 13 juillet 1793. Quelques semaines après que Genêt fut arrivé à Philadelphie, une *Société Démocratique* se forma, sur le modèle du Club des Jacobins de Paris, dans le but apparent de défendre la liberté et de protéger les droits, mais il semble qu'elle ait eu surtout pour but de diriger la politique dans l'Etat de Pennsylvanie. (Les minutes manuscrites de la Société sont conservées à la Bibliothèque de la Société Historique de Pennsylvanie.) Les membres louèrent les victoires des Français, le succès

firma s'être intéressé à Genêt, mais n'avoir fait que donner un avis sollicité, pour s t nomination (1).

Condorcet avait approuvé évidemment la nomination de Genêt. Dans la *Chronique de Paris* du 17 décembre 1792, on lit : « son amour pour la liberté date d'un peu loin ; c'est lui qui, pendant la guerre d'Amérique, dans un papier intitulé : *Affaires d'Amérique et d'Angleterre*, a fait connaître à la nation française le *Common Sense* de Paine, la Déclaration de l'Indépendance, les Déclarations des Droits, les premières Constitutions américaines, et cette foule de pièces officielles d'une philosophe si énergique et si simple, qui ont tant contribué à mûrir parmi nous l'esprit public (2). »

D'après M. Bourne, Genêt considérait que ses instructions consistaient à expédier des bateaux corsaires pour anéantir le commerce anglais, à nommer dans les ports des consuls avec des fonctions d'amirauté pour juger les prises, à organiser des expéditions contre les Espagnols et chasser ceux-ci du Mississipi et à attaquer le Canada (3). La vérité est que ses chefs avaient trop présumé de l'enthousiasme de l'Amérique pour la cause révolutionnaire française. Genêt s'est trompé ensuite en attendant un accueil chaleureux du gouvernement de Washington alors qu'en réalité il violait la neutralité des États-Unis, contrariait le gouvernement et devait même finalement s'attirer les observations de Jefferson, grand ami cependant de la jeune République française. Il avait ainsi réussi à rendre les plus mauvais services à la cause qu'il prétendait servir. D'après M. Turner (4), la véritable importance de la mission

de Genêt, et portèrent des toasts à la République française. Peu de temps après, il y avait également une *Société démocratique* (*Democratic Society*) dans une douzaine de villes importantes des Etats-Unis (Mc Master, *A History of the People of the United States*, t. II, p. 109, 175-178). Pour les activités de ces socitéés, voir les références données en note par Burnett dans *Am. Hist. Rev.*, t. XVIII, p. 780-783, *George Rogers Clark to Genêt*.

(1) Voir note 1, p. 137 du présent ouvrage.

(2) *Chronique de Paris*, 17 décembre 1792.

(3) Bourne, *The Revolutionary Period in Europe 1763-1815 : France and the united states*, p. 196.

(4) Turner, *The Origin of Genêt's Projected Attack on Louisiana and the Floridas* dans *Am. Hist. Rev.*, t. III, juillet 1898, p. 650-671.

de Genêt était dans le projet d'enlever la Louisiane aux Espagnols, avec l'aide des pionniers, au bénéfice de la France. Comme Brissot s'intéressait fort au développement des terres de l'ouest américain, il fut invité par le Comité de la Défense générale, le 25 janvier 1792, à faire un rapport sur la possibilité d'une expédition de ce genre (1). Pour rédiger ce rapport, Brissot demanda des conseils aux membres de son parti, ainsi qu'à Thomas Paine et aux Américains qu'il rencontrait chez lui. Son projet consistait à se servir des 30.000 hommes de troupes qu'avait la France à Saint-Domingue, et ainsi que de Miranda (2).

Quels que fussent les motifs véritables des Girondins dans cette mission, nous pouvons du moins parler avec certitude de leurs mobiles apparents. La lettre de la Convention nationale au Congrès des États-Unis, dont Genêt devait être porteur, proclamait l'amitié de deux peuples libres, la communion d'idées des deux républiques ; elle remerçiait l'Amérique de l'exemple inoubliable qu'elle avait donné et lui promettait qu'il ne serait pas perdu. On ne savait, déclarait-elle, quel serait le terme de leurs travaux, mais pas un Français ne resterait ou tous seraient libres. La France nouvelle ferait tout son possible pour resserrer plus étroitement encore les liens politiques et commerciaux des deux nations, puisque leurs intérêts étaient désormais communs (3).

On accusa Brissot d'avoir des relations secrètes avec le gouvernement des États-Unis et avec l'Angleterre, et on en donna pour preuve le fait qu'il avait nommé son beau-frère vice-consul à Philadelphie (4). A cela Brissot répondit, non sans

---

(1) Aulard, *Recueil des Actes du Comité du Salut Public*, t. II, p. 10 et t. III, p. 82.

(2) Brissot, *Corresp.*, p. 317 ; lettre de Brissot à Dumouriez, 2 décembre 1792 ; p. 312-313, lettre à Servan, 26 novembre 1792 ; p. 303-304, Brissot à Miranda, 11 novembre 1792 ; p. 314-320, lettres de Brissot à Dumouriez, 28 novembre, 2 et 9 décembre 1792.

(3) *Patriote fr.*, 23 décembre 1792 ; lettre écrite par le Président et lue par Guadet, séance du 22 décembre 1792. Elle se trouve dans *Le Patriote fr.*, 26 décembre 1792. Brissot parle de la notification de la nomination de Genêt dans *Le Patriote fr.*, 23 décembre 1792.

(4) Brissot, *Mémoires*, t. II, p. 257. Dans une note Perroud cite Desmoulins, *Histoire des Brissotins*. Camille Desmoulins dit consul général.

raison, que le poste était d'une importance insignifiante et qu'il était absurde de penser « que les républicains d'Amérique pourraient être entraînés à contribuer au rétablissement de la monarchie française, c'est-à-dire que pour opérer ce miracle il suffisait de créer un vice-consul français, qui pourrait tout à coup faire oublier leurs principes aux Washington, aux Adams, aux Jefferson, et aux quatre ou cinq millions de républicains qui couvrent les dix-neuf États d'Amérique » (1). Il déclara que son beau-frère avait été nommé parce que nul Français, résidant en Amérique, n'avait plus que lui de titres à l'être, et plus de moyens de se rendre utile à sa patrie. Sa connaissance de plusieurs langues ajoutée au fait qu'il résidait à Philadelphie était d'un très grand poids pour la France en un moment où elle avait besoin du blé de ce pays (2).

On accusa Brissot d'avoir eu des intérêts dans les rapports commerciaux entre la France et les États-Unis, mais rien de tout cela n'a jamais été prouvé. On a prétendu également qu'il aurait envoyé des millions à Philadelphie (3); mais rien n'appuie cette étrange allégation.

III. — La paix universelle.

Si Brissot, Condorcet et Mme Roland ont tous insisté sur l'exemple américain dans la conduite de la guerre, ils se sont servis également de cet exemple dans la poursuite de la paix. Ils faisaient une distinction très nette entre une guerre entreprise en vue d'assurer le triomphe de la liberté et les guerres de conquêtes. « La nation française renonce à entreprendre aucune guerre en vue de faire des conquêtes, et (elle) n'em-

---

(1) Brissot, *Mémoires*, t. II, p. 230-271. *Réponse au rapport de Saint-Just*.

(2) *Ibid.*, ibid., Perroud écrit que dans la phrase où Brissot dit que la France avait besoin des *décrets* de l'Amérique, le mot *décrets* n'a pas de sens, et qu'on doit lire *des récoltes en grains* de ce pays.

(3) *Extrait des rapports et déclarations reçus au Bureau de surveillance de la Police* signalant les fol. suivants : 1er mai 1793, AN, AF, IV, 1470.

ploiera jamais ses forces contre la liberté d'aucun peuple (1) »,
disaient les Français dans leur Constitution, et Condorcet
insistait sur ce dernier point. Quant à Brissot, son opinion est
que les Républiques doivent éviter les guerres et surtout
l'*esprit de la guerre*, et que la France n'aura de prospérité
réelle qu'en raison de la diminution de cette fièvre guer-
rière (2).

Ces deux amis de la paix ne se sont pas contentés de parler
contre la guerre ; ils ont encore essayé de tout leur pouvoir
d'éviter la guerre avec l'Angleterre. Brissot poussait à l'alliance
de la France avec l'Angleterre et même avec la Prusse à la fois
par son influence sur le ministère, et par son journal, *Le
Patriote français*, où il notait avec approbation les arguments
de Condorcet en faveur de ces alliances : par exemple, que la
France et la Prusse partageaient la haine de l'Autriche, et que
la France et l'Angleterre partageaient la liberté de la mer (3).
Plus tard, dans sa *Réponse à Saint-Just*, Brissot niera la
responsabilité des hostilités avec l'Angleterre. Avec Condorcet,
il avait recommandé au contraire, à l'automne de 1792, l'envoi
de Julien en Angleterre, pour « disséminer » des renseignements exacts sur la situation en France afin d'empêcher la
rupture entre les deux pays (4).

Dans son discours du 25 janvier 1792, à l'Assemblée nationale, Condorcet dit : « Où sont les intérêts politiques assez
puissants pour séparer deux nations qu'un égal amour de leurs
droits naturels, les mêmes lumières, le même respect pour
l'humanité, semblent disposer à s'entendre et à s'aimer ? Les
Anglais, les Américains, les Français n'ont-ils pas aujourd'hui
les mêmes idées, les mêmes sentiments? Ne parlent-ils pas en
quelque sorte la même langue, celle de la liberté » (5).

Aussi paraît-il assez bizarre que l'Assemblée l'ait choisi

---

(1) Constitution fr., titre VI, imprimée dans *Le Patriote fr.*, 7 et 8 septembre 1791.

(2) Brissot, *Examen des Voyages de M. de Chastellux*, 1786, p. 114 et
117.

(3) *Patriote fr.*, 22 janvier 1792.

(4) Brissot, *Corresp.*, p. 299.

(5) Condorcet, *Œuvres*, t. X, p. 289-291. *Sur l'Office de l'Empereur.*

pour rédiger le « Projet d'une exposition des motifs qui ont déterminé l'Assemblée nationale à décréter, sur la proposition formelle du roi, qu'il y a lieu de déclarer la guerre au roi de Bohême et de Hongrie ».

Il se défendit toujours d'avoir voulu la guerre en disant : « C'est en détestant la guerre que j'ai voté pour la déclarer ; c'est parce qu'elle était le seul moyen de déjouer les complots d'une cour conspiratrice » (1).

Lui aussi, Brissot déplorait la nécessité où l'on était de se battre ; déjà en 1789, il disait : « Il appartient sans doute à notre siècle, quand la raison s'étend avec la liberté, de faire disparaître à jamais les haines et les rivalités nationales ; il ne faut pas que les guerres, les erreurs des gouvernements soient l'effet des préjugés qui sont les vices des nations, et les deux peuples les plus instruits de l'Europe doivent montrer, par leur exemple, que l'amour de la Patrie s'accorde avec tous les sentiments de l'humanité » (2).

A son avis, ce sont les diplomates qui ont le plus souvent causé les guerres et il voit là une raison d'en supprimer beaucoup. Car, d'après lui, des consuls suffiraient pour Rome, pour Naples, pour Venise. Il ne fallait autre chose qu'un commis pour assurer le service des passeports, et comme Brissot désirait vivement l'abolition de ces papiers, les commis même cesseraient bientôt d'être nécessaires (3).

L'argument que présente Brissot pour l'abolition des passeports est intéressant, à savoir que, durant son voyage aux États-Unis, il n'en avait jamais eu besoin, ni pour entrer dans le pays, ni pour voyager à l'intérieur et dans les divers États. Du reste, il prenait aussi exemple des Américains pour la suppression des ambassades, puisque, depuis un an, ils avaient supprimé leur représentant à la Cour de Saint-James et n'en avaient gardé un qu'en France. « Ils ont retranché ces places par esprit d'économie », remarque Brissot, « et pour empêcher leurs ministres de se corrompre dans les Cours étrangères, ils

(1) *Ibid.*, t. I, p. 591.
(2) *Patriote fr.*, 16 novembre et 27 décembre 1789.
(3) *Ibid.*, 16 novembre 1789.

ont arrêté qu'ils ne pourraient y être envoyés que pour trois ans, pourtant avec la faculté de les continuer. Leurs appointements, d'ailleurs, ne sont pas de nature à exciter la cupidité » (1).

Au fond, Brissot a exprimé ainsi son idée sur la guerre et les bonnes relations internationales : « Plus l'esprit de liberté se répandra parmi les nations, moins il y aura de guerres » ; et dans un pays qui a des lois fixes et où le droit des étrangers est partout respecté, les ambassadeurs ne sont pas nécessaires pour protéger les étrangers (2). C'est envisager un État idéal, mais Brissot ne se rendait pas compte que dans les conditions imparfaites qui régnaient alors (qui règnent encore) dans le monde, la diplomatie peut souvent agir efficacement et empêcher la lutte armée. Pour qu'une meilleure entente existe entre les pays, il est indispensable qu'ils se connaissent mieux, qu'ils s'apprécient mutuellement ; il faut que des liens d'amitié fraternelle se soient noués entre eux, et qu'il en aient tous fini avec l'esprit de militarisme.

C'est l'esprit militariste que Condorcet voulait détruire avant tout. L'Amérique, une fois de plus, lui offrait un modèle : « On verra qu'on peut avoir de braves guerriers, des soldats obéissants, des troupes disciplinées, sans recourir à la dureté des administrations militaires de plusieurs nations de l'Europe... l'exemple d'un peuple libre, mais soumis avec docilité aux lois militaires comme aux lois civiles, aura sans doute le pouvoir de nous en guérir (de l'ignorance du droit naturel) » (3). Condorcet était certainement influencé, lorsqu'il parlait de la sorte, par le souvenir de la Déclaration des droits de l'État de Virginie : « Une milice bien réglée et bien exercée, composée de citoyens, est la défense naturelle la plus convenable et la plus sûre d'un État libre. Il ne doit point y avoir de troupes régu-

---

(1) *Patriote fr.*, 16 novembre 1789 et 21 juin 1790.

(2) *Ibid.*, 16 novembre 1790. Condorcet exprime ainsi la même idée : « Plus les peuples auront de bonnes lois, plus les guerres seront rares. Ce sont les mauvaises lois qui produisent et les haines nationales et ces passions inquiètes et turbulentes qui ont agité tant de nations. » (*Œuvres*, t. V, p. 200-201).

(3) Condorcet, *Œuvres*, t. VIII, chap. I, p. 19.

lières en temps de paix, parce qu'elles sont dangereuses à la liberté » (1). La Constitution des États-Unis répète d'ailleurs la même chose en moins de mots : « Une milice bien organisée étant nécessaire à la sécurité d'un État libre, aucune atteinte ne sera portée au droit du peuple de conserver et de porter des armes » (2). Condorcet ne veut que des milices en temps de paix, bien qu'il approuve les armées nationales (3). Il critique les exemptions de service sanctionnées par les Déclarations américaines :

« Dans plusieurs de ces déclarations on exempte du service militaire forcé ceux qui, pour raison de conscience (les Quakers), ne se croient pas permis de porter les armes. C'est ici un privilège accordé aux gens qui professent une certaine opinion et par conséquent une violation de droit général. Le principe qui ferait respecter la conscience particulière dans ce qui serait vraiment du ressort des lois, n'est qu'un encouragement au fanatisme. Il ne serait pas juste de forcer au service un homme dont les soins sont nécessaires à sa famille, et d'en exempter un Quaker ou tel autre sectaire. Mais l'exemption générale de tout service militaire forcé doit faire partie d'une déclaration de droits. L'appel au service doit être libre, et la punition du refus est la honte attachée partout à la poltronnerie » (4).

Pour Condorcet, la Révolution américaine était déjà un bien si elle pouvait amener en Europe l'amour et le maintien de la paix. Il considérait que si l'Angleterre l'avait emporté dans sa lutte contre les colonies insurgées, des catastrophes innombrables auraient fatalement suivi.

Ce qu'il proposait pour régler les différends entre les nations c'était un tribunal mondial. « Un tel tribunal », dit-il, pourrait étouffer les semences de guerre en établissant dans l'état de paix plus d'union entre les peuples, et détruire ces germes de

---

(1) *Déclaration des droits de l'Etat de Virginie*, art. 15.

(2) Constitution des Etats-Unis, art. 2, Articles additionnels et Amendements.

(3) Condorcet, *Œuvres*, t. IX, p. 48 ; cf. t. VIII, p. 488-494 et t. IX, p. 170, *Idées sur le despotisme*, 1789.

(4) Condorcet, *Œuvres*, t. IX, p. 170.

haine et cette humeur d'un peuple contre un autre, qui dispose à la guerre et en fait saisir tous les prétextes (1).

« Les Américains, dit-il, serviront encore à maintenir la paix en Europe par l'influence de leur exemple. Dans l'Ancien Monde, quelques philosophes éloquents, et surtout Voltaire, se sont élevés contre l'injustice, l'absurdité de la guerre ; mais à peine ont-ils pu y adoucir, à quelques égards, la fureur martiale. Cette foule immense d'hommes qui ne peuvent attendre de gloire et de fortune que par le massacre, ont insulté à leur zèle, et l'on répétait dans les livres, dans les camps, dans les cours, qu'il n'y avait plus ni patriotisme, ni vertu, depuis qu'une abominable philosophie avait voulu épargner le sang humain. »

« Mais, continue Condorcet, dans l'Amérique, ces mêmes opinions pacifiques sont celles d'un grand peuple, d'un peuple brave qui a su défendre ses foyers et briser ses fers. Toute idée de guerre entreprise par ambition, par le désir de la conquête, y est flétrie par le jugement tranquille d'une nation humaine et paisible (2) ».

(1) *Ibid.*, t. VIII, p. 22.
(2) Condorcet, *Œuvres*, t. VIII, chapitre II, p. 27, 28, *De l'influence de la Révolution d'Amérique sur l'Europe*.

CONCLUSION

Nous croyons avoir démontré que ceux des révolutionnaires
qui se sont le plus occupés de l'élaboration de la Constitution
française ont été inspirés par l'exemple des États-Unis, — et
que, jusqu'à leur chute, c'est eux qui guidèrent, dans une large
mesure et dans ses grandes lignes, le cours de la Révolution.
Au début de l'ère nouvelle qu'ils créaient ainsi, comme durant
la guerre qui s'en suivit avec les monarchies européennes,
c'est vers l'Amérique qu'ils tournèrent leurs regards, pour voir
comment les Américains avaient agi dans des difficultés semblables. C'est seulement lorsque la Révolution dépassa les
bornes que lui avaient données ces trois chefs, qu'il fut impossible de prendre appui sur l'exemple de la Révolution Américaine.

C'est à Brissot que nous avons accordé la plus grande place,
à cause de l'influence politique qu'eurent sur lui les voyages
qu'il avait faits de l'autre côté de l'Atlantique, et aussi parce
qu'il était plus capable que les autres, par son caractère même,
de prendre la tête des événements, — car il était plus susceptible d'émotion que ne l'était Condorcet, et sa situation dans
l'Assemblée législative et à la Convention lui donnait plus
d'autorité sur les choses et sur les hommes que n'en pouvait
posséder Mme Roland. Nous avons vu qu'il était d'une activité
prodigieuse, qu'il lisait beaucoup et écrivait énormément, qu'il
fut à la tribune un orateur infatigable et un grand promoteur
de pétitions, — de même que comme rédacteur en chef du
Patriote français il fournit, de 1789 à 1792, des articles
presque journaliers.

Outre cela, nous l'avons vu membre de l'Assemblée municipale ou des *Cent-vingt* (1), de la commune provisoire ou des
Trois cents (2), député de Paris à l'Assemblée législative à
une très grande majorité (3), secrétaire de cette Assemblée (4),
membre du comité chargé de rédiger la Constitution (5),
membre du Comité de défense générale (6), faiseur de minis-
tères (7), — et nous ne disons rien, ici, de sa puissante
influence et de son autorité, plus tard, dans la Convention
nationale.

Ses amis, Réal, Guadet, Vergniaud, Barbaroux, Buzot,
Pétion, et les Roland et leurs amis, Blot, Lanthenas, Bosc et
Bancal des Issarts, tous suivirent son impulsion. Le groupe
des familiers du ménage Roland, avec Clavière, Grégoire,
Thomas Paine et d'autres encore, collabora avec ardeur au
Patriote. Les amis de Brissot admettaient tous son influence,
et, pour n'en donner qu'un exemple, nous citerons cet éloge
que fit de lui Pétion .

« J'ai des entretiens assez fréquents avec un citoyen qui a
observé en philosophe la révolution d'Amérique, qui a vu sur
les lieux les différents pouvoirs s'organiser, qui a fait une
attention particulière à l'établissement et à l'exercice de la
police dans les villes, à Philadelphie surtout. Il m'a rapporté,
à cet égard, des faits extrêmement précieux, qui annoncent le
respect qu'on a pour le peuple, les précautions extrêmes qu'on
prend pour l'instruire, pour lui commander au nom de la
raison, et jamais en celui de la force.

« Sans comparer les Américains aux Français et Philadelphie à Paris, je dirai qu'il est des règles de conduite
également applicables aux deux peuples, et aux deux pays :
ce sont celles qui tendent à perfectionner l'espèce humaine,
à la rendre meilleure par l'instruction, à mettre tous les

(1) Du 25 juillet au 18 septembre 1789.
(2) Voir chap. V, p. 116, note 2 du présent ouvrage.
(3) 13 septembre 1791.
(4) Du 18 octobre au 3 novembre.
(5) 11 octobre 1792.
(6) 1er janvier 1793.
(7) Ministère de Roland, Servan, Clavière, 23 mai 1792.

citoyens à portée de connaître leurs droits et d'en jouir » (1).

Brissot avait réussi à vendre à des Français des terres du Nouveau Monde ; il ne devait pas moins bien réussir à introduire dans le vieux continent les idées nouvelles. Nous avons vu, au cours de cette étude, que ses opinions de journaliste l'emportèrent souvent lorsque l'Assemblée eut à rédiger les parties essentielles de la Constitution : la Déclaration des Droits de l'Homme et du Citoyen, l'organisation de la Chambre unique et permanente et le *veto suspensif*. Nous avons senti toute la force de son inspiration démocratique dans les lois d'organisation administrative et municipale, ainsi que dans l'abolition des ordres et des privilèges. Nous avons remarqué en quoi ses idées sur la liberté, l'égalité et la fraternité se rapprochaient de celles que les Américains avaient exposées dans leurs diverses Déclarations de droits fédérales, en quoi aussi elles en différaient. Dans la question de la forme du gouvernement, qui entraîne celle de la séparation des pouvoirs, nous avons observé que Brissot suivit ce qu'il croyait être le système américain d'aussi près qu'il était possible, avec un roi héréditaire à la place d'un président électif. Quelquefois, pourtant, il conseilla une procédure différente, à cause des différences inévitables entre les deux pays, et dont il se rendait compte mieux que personne.

Notons, d'ailleurs, qu'il lui arriva de se tromper dans l'interprétation de certains termes anglais, et, par exemple, sur le sens du mot *fédéralisme*.

Mais il apprécia parfaitement le principe de la souveraineté du peuple dans la Constitution, comme aussi cette force de l'opinion publique qui est la véritable base du gouvernement américain. Il a fort bien reconnu, également, le droit du peuple à modifier sa Constitution, ou à y apporter des révisions sitôt qu'une majorité le demande.

Dans la conduite de la guerre enfin, comme dans le maintien de la paix, il a trouvé un excellent point d'appui moral dans l'exemple de l'Amérique.

Nous avons vu, de même, la part énorme que prit Condorcet

(1) *Chronique de Paris*, 12 juillet 1792.

dans la rédaction de la Déclaration des Droits de l'Homme, dans celle de la Constitution de 1791, et dans cette Constitution girondine où se retrouvent la plupart des principes exprimés dans la première. Thomas Paine affirmait qu'une « constitution n'existe pas tant qu'on ne peut pas la mettre dans sa poche », et qu'une Charte écrite est celle qui a le plus de chance d'aboutir (1); et il était certainement de mode alors de faire des constitutions. Beaucoup des idées de Condorcet prévalurent sur ce sujet, et c'est à lui qu'il incomba de rédiger divers articles de la législation future, de même qu'il devait proposer plus d'un décret important, concernant, par exemple, l'abolition des titres de noblesse, la libération des noirs dans les colonies françaises, et d'autres encore.

Il ne faut pas oublier non plus qu'on lui doit 500 comptes rendus des séances de l'Assemblée législative dans la *Chronique de Paris* (2), et qu'il collaborait, dans le même temps, à plusieurs autres feuilles ; qu'il était vice-président du *Comité des Recherches de la Municipalité Parisienne*, président de la *Société des Amis des Noirs*, de celle des *Amis de la Constitution*, des séances des Jacobins (3), de plusieurs autres, et qu'il prit enfin une part active à tous les travaux de la Convention.

Nous avons signalé l'importance et le modernisme de ses idées sur l'autonomie des villes et des municipalités cantonales, sur le droit de cité, sur l'établissement par l'État de l'enseignement public et gratuit. Membre de l'Académie de Philadelphie depuis 1786 (4), il avait été dès le début fort au courant de tout ce qui passait dans la République américaine, et, bien que sur plus d'un point il ait cru devoir apporter quelques critiques à la Constitution fédérale des États-Unis, il sentait néanmoins qu'il la fallait suivre, dans ses grandes lignes, corrigeant par ailleurs ses erreurs. Quant à l'Acte de

(1) Borgeaud, *Etablissement et revision des Constitutions en Amérique et en Europe*, p. 45-50.
(2) *Patriote fr.*, 6 octobre et 16 novembre 1791; 9 mars 1793.
(3) Aulard, *Société des Jacobins*, t. III, p. 233.
(4) *Cf.*, plus haut, p. 18, note 1.

confédération qui l'avait précédée, il l'admirait beaucoup (1), trouvant cette méthode d'union la meilleure qu'on pût imaginer, dans les circonstances qui prévalaient alors. Mais ce qu'il a dit sur la séparation des pouvoirs, sur le système de « freins et contre-poids », — ou juste équilibre qui doit exister entre le pouvoir législatif, le pouvoir exécutif et le pouvoir judiciaire, — tout cela ressemble étrangement aux opinions que mettaient en avant Franklin et Hamilton, de même que ce qu'il dit de la déchéance de la monarchie rappelle le sentiment de Paine sur ce sujet, et que son opinion sur le principe fondamental de la démocratie : la souveraineté du peuple, ne diffère guère de celle de Jefferson. Et pour ce qui est des autres points de la Constitution nouvelle de la France, qu'il s'agisse du droit de suffrage, de la délégation des pouvoirs, du droit du peuple à élire ses agents, du gouvernement par la majorité, nous savons que tous ces principes étaient déjà reconnus et appliqués aux États-Unis.

Si nous passons enfin à Mme Roland, nous avons vu l'immense influence qu'elle exerça sur le parti girondin tout entier. Certainement elle en avait plus encore sur son mari, dont le caractère donnait moins de prise à l'enthousiasme. On a pu dire d'elle, avec raison, qu'elle « se mêlait d'autres affaires que de celles de son ménage » (2), et peut-être n'eut-on pas tort de remarquer, lorsqu'on l'arrêta sans arrêter en même temps son mari « qu'on avait laissé échapper le corps, et... pris l'esprit » ; mais aucune des railleries dont on a accablé le ménage Roland ne prouve grand'chose au fond. L'influence politique de Mme Roland s'est exercée surtout par son salon, où, tant à cause de son charme que pour sa vive intelligence, les jeunes députés aimaient à discuter, s'inspirant à sa flamme et discourant des idées libérales qui leur étaient chères. Elle aimait à leur rappeler l'exemple illustre des anciennes républiques de la Grèce et de Rome, et leur opposait en même temps pour modèles leurs contemporains d'Amérique ; ils puisaient dans ses entretiens le courage de renverser les anciennes barrières

(1) Condorcet, *Œuvres,* t. VIII, p. 92-104.
(2) *Chronique de Paris,* 13 avril 1793.

et de rompre définitivement avec un passé de servitude.

Si nous n'avons pas donné, matériellement, autant de place à Mme Roland qu'à Brissot et à Condorcet dans ces pages, c'est qu'elle n'a pas éprouvé aussi souvent le besoin de s'appuyer sur l'exemple que lui fournissait le Nouveau Monde, peut-être parce qu'elle vivait davantage dans un domaine d'idées pures et qu'elle était moins informée de l'application pratique des nouveaux principes déjà faite en Amérique. Elle se sentait pourtant en plein accord avec Brissot, ce grand ami de l'Amérique, sur la plupart des sujets qui se discutaient autour d'elle, et partout en France en cette époque fiévreuse. Un jour pourtant elle lui reprochera son manque de sévérité à l'égard de la royauté (1). Mais Mme Roland, plus encore que les plus avancés des Girondins, — presque tous fidèles, après tout, à un certain idéal monarchique, — avait l'âme excessive... Rien ne la retenait, quand elle avait devant les yeux la vision de la liberté.

Son admiration pour la jeune république d'outre-mer ne faiblit jamais, alors même qu'elle en parlait moins que ses amis. Elle a exprimé son grand regret de ne pas être tenue toujours très au courant de ce qui s'y passait, et de la façon dont la nouvelle administration fonctionnait là-bas, dans ses rouages neufs (2). Depuis ce jour de décembre 1774 où elle entendait, venant de la place de Grève, les cris de deux criminels de vingt ans qui subissaient les supplices de la roue et du feu (3), jusqu'aux heures, — les dernières — qu'elle devait vivre à Sainte-Pélagie et à la Conciergerie, les États-Unis furent toujours, pour elle, « l'asile unique de la liberté » (4).

(1) Mme Roland, *Lettres*, t. II, p. 55 et note 61, 64 et note, 77-78, 95, 114 ; Mme Roland, *Mémoires*, t. I, p. 61 et 191-192.

(2) Mme Roland, *Lettres*, nouv. série, t. I, p. 358 ; à Sophie, 11 janvier 1776.

(3) *Ibid.*, t. I, 13 décembre 1774, p. 240.

(4) Mme Roland, *Mémoires*, t. II, p. 68. Dans une de ses dernières lettres, elle écrit : « Au reste, lorsque vous parlez d'Amérique, vous chatouillez mes oreilles ; c'est bien là que j'ambitionnerais de me transporter si je redevenais libre, mais je n'espère point en recouvrer la faculté » (Mme Roland, *Lettres*, t. II, p. 527, à Jany, à Paris de Sainte-Pélagie, octobre 1793).

C'est surtout lorsqu'on parlait devant elle des réformes humanitaires, de la nécessité des bonnes mœurs dans une république, de l'absurdité de la royauté, de la bonté innée du peuple, de la liberté enfin, — individuelle et inaliénable, — c'est surtout alors que Mme Roland se souvenait des « pays libres ».

Il nous a paru, en étudiant notre sujet, que son influence et son ardent enthousiasme pour toutes les idées nobles et grandes, avaient été aussi propres à faire vibrer les esprits et à encourager les efforts que l'indéniable autorité des deux autres membres de ce noble triumvirat, auquel on doit le triomphe de tant de réformes.

Aussi nos trois Girondins ont-ils joué un grand rôle dans la formation des esprits et le développement rapide de la Révolution française; et c'est aux sources américaines qu'ils ont puisé, en grande partie, leurs idées directrices, les livres qu'ils lisaient sur les États-Unis, le contact personnel avec des Américains qui résidaient à Paris, ou — c'est le cas pour Brissot — qui habitaient en Amérique, tout cela a aidé fortement à tremper leur esprit, à les confirmer dans leurs tendances libérales. Il ne faut pas oublier qu'à cette époque tout le monde s'intéressait à la nouvelle République, qui avait su si récemment conquérir son indépendance, sur une métropole plus vieille et infiniment plus puissante en force matérielle.

Nous répétons que ces sources d'inspiration, Brissot, Condorcet et Mme Roland les devaient trouver surtout dans les déclarations de droits des États fédérés de la nouvelle République et plus spécialement dans celles de Pennsylvanie et de Virginie, auxquelles il faut ajouter la Constitution fédérale de 1789, *Le Fédéraliste, Les Droits de l'Homme,* de Thomas Paine, et sans aucun doute aussi les écrits de Franklin et de Jefferson.

Certes, nous ne voulons pas prétendre ici qu'il n'y ait pas eu pour eux d'autres sources d'idées républicaines que celles qui leur vinrent d'Amérique. Il est trop facile de reconnaître, en Condorcet par exemple, pour ne citer que lui, l'empreinte ineffaçable du *Contrat social* et des « républicains », —

comme il les appelait — du XVIe et du XVIIe siècle (1).

Nous ne prétendons pas davantage qu'ils aient suivi le modèle américain aveuglément et sans réflexion. Nous croyons simplement avoir démontré qu'ils ont étudié avec soin le système américain, et médité pour y trouver ce qu'il y avait de meilleur à adopter pour eux, dans cette méthode déjà appliquée, avec succès. Ils en ont donc pris, en somme, ce qu'ils voulaient, en laissant de côté ce qui leur paraissait peu susceptible de s'appliquer à la France, par suite des traditions, des usages, des tempéraments mêmes, si différents entre les deux races et les deux pays. Certes, il n'était pas possible de rien transplanter sans une sage sélection, de ces principes dont l'application serait ici soumise à des conditions tout autres.

Tous trois auraient pu dire, en somme, avec Washington : « Nous faisons une expérience ». On peut voir très facilement, maintenant, à quel point, et dans quelle mesure, l'expérience qu'ils ont tentée a réussi, lorsqu'on se rend compte du grand nombre de principes, établis par eux, qui subsistent encore aujourd'hui.

Liberté, Égalité, Fraternité. — Ces trois mots magiques, pour les deux Républiques qui se regardent de chaque côté de l'Atlantique, ont survécu, et ni le temps ni les adversités n'ont atténué la force du sentiment qu'ils expriment. Cette devise a-t-elle toujours dirigé les actes des deux nations ? Ou en existe-t-il une autre, plus puissante encore ? Un commentaire récent de M. André Tardieu est, à cet égard, très suggestif. A l'en croire : « L'unité nationale a été, pour les Américains, une création artificielle et quasi-secondaire. Les Français ont sacrifié à cette notion la liberté et l'égalité. Quand ils suivaient Napoléon sur les routes de l'Europe et que les hommes de la Convention servaient le dictateur de Brumaire, c'est à la conservation des « conquêtes de la Révolution », entendez les conquêtes nationales et les frontières naturelles, qu'ils consentaient ce sacrifice.

« Les Américains, au contraire, ont longtemps hésité à

(1) *Chronique de Paris*, 3 juillet 1792.

incliner devant l'unité de la nation les droits de l'individu et des collectivités locales » (1).

Et maintenant que nous avons, par ce travail, déblayé un peu le terrain devant nous, nous pouvons répéter que tout n'a pas encore été dit sur ce sujet si riche et si plein d'enseignements, si important peut-être dans l'histoire des relations franco-américaines; et nous laissons la place volontiers, mais non sans regrets, à ceux qui voudraient en profiter pour ouvrir des horizons nouveaux...

(1) André Tardieu, *Devant l'obstacle (l'Amérique et nous)*. Paris, édit. Emile-Paul frères, 1926.

BIBLIOGRAPHIE

I. Ouvrages de Brissot, de Condorcet, de Mme Roland :

A. — Brissot (Jean-Pierre).

1° Documents publiés :

Testament politique de l'Angleterre, 1780. Philadelphie, in-12.
Examen critique des voyages de M. le Marquis de Chastellux. Londres, 1786, in-8°.
De la France et des Etats-Unis, en collaboration avec Clavière (Étienne). Londres et Paris, Désenne, 1787, in-8° (t. III du *Nouveau voyage*).
Bibliothèque philosophique du législateur, du politique, du jurisconsulte, Brissot *et als*. Paris, Desauges, 1782-1788, 10 vol. in-8°.
Nouveau voyage dans les Etats-Unis de l'Amérique septentrionale, fait en 1788. Paris, Buisson, 1791, 3 vol. in-8°.
Le Patriote français, 1789-1793. Paris, 8 vol. in-4°.
Correspondance et Papiers, publiés par Cl. Perroud. Paris, Picard, 1912, in-8°.
Mémoires, publiés par Cl. Perroud. Paris, Picard, 1910, 2 vol. in-8°.

2° Documents inédits :

a) Archives Nationales (sur Brissot) :

W 292, dossier 204 (Affaire des Girondins).
F 7, 4443, n° 18 (Message de Genêt).
AA 54, 1509 (Brissot et les colonies).

b) Bibliothèque Nationale :

Il n'y reste pas d'inédits importants pour nous. Voir Perroud, *Correspondance* et *Mémoires*. Voir aussi la Bibliographie et l'App. d'Ellery, *Brissot de Warville*.

B. — Condorcet (Marquis de).

1° Documents publiés :

Œuvres, publiées par Arago (M.-F.) et O'Connor (A. Condorcet). Paris, Firmin-Didot, 1847-1849, 12 vol. in-8°.

Chronique de Paris. Paris, 1789-1793, 8 vol. in-4° (1).

Le Moniteur, par Condorcet, Brissot de Warville et Clavière (s. l.), Paris, 1788, in-8°.

Pour la liste des journaux auxquels Condorcet a collaboré, voir L. Cahen, *Bibliographie*, dans *Condorcet et la Révolution française*, p. xviii-xix.

Mémoires de Condorcet sur la Révolution française extraits de sa correspondance et de celles de ses amis. Paris, Ponthieu, 1824, 2 vol., in-8°, publiés par La Rochefoucauld Liancourt.

2° Documents inédits :

a) Archives Nationales (sur Condorcet) :

D^{xl} 14 (Des lettres à la Convention); AA 49 et 54 (Lettre de Condorcet à Viellard et papiers divers); B^a 50; B^{iii} 80-81, C 19 (Pour la période des élections de 1789).

b) Bibliothèque Nationale :

Il n'y reste pas d'inédits importants pour nous.

c) Bibliothèque de l'Institut de France :

Pour les inédits, voir L. Cahen, *Inventaire analytique*, pour la bibliothèque de l'Institut, rapporté à l'Académie le 6 février 1904. Voir aussi sa *Bibliographie* dans *Condorcet et la Révolution française*, p. xi-xiv.

C. — Roland (Marie Phlipon).

1° Documents publiés :

Lettres, publiées par Cl. Perroud. Paris, Imprimerie Nationale, 1900-1902, 2 vol. gr. in-8°.

Lettres d'amour de Roland et Marie Phlipon, 1777 à 1780, publiées par Cl. Perroud. Paris, Picard, 1909, gr. in-8°.

Lettres, nouvelle série, publiées par Cl. Perroud, Imprimerie Nationale. Paris, 1913, 2 vol. gr. in-8°.

(1) Condorcet y était du 17 novembre 1791 jusqu'au 9 mars 1793.

Mémoires, publiés par Cl. Perroud. Paris, Plon, 1905, 2 vol. in-8°.

Mémoires particuliers suivis de ses dernières pensées. Préf. par George Huisman. Paris, Firmin-Didot, 1929, in-16°.

2° Documents inédits :

a) Archives Nationales (sur Mme Roland) :

Carton 294, dossier 227 ; AF 1148, n° 370 ; F 7, 2511. AF 11, 288 ; W 524 ; AA 53, n° 1496. Voir Tuety (A.,) *Répertoire général des sources manuscrites de l'histoire de Paris pendant la Révolution française.* Paris, 1890, t. X. Voir aussi Perroud, *Lettres* et *Mémoires*.

b) Bibliothèque Nationale :

Il n'y reste pas d'inédits importants pour nous. Voir Perroud, *Lettres* et *Mémoires*.

II. Documents contemporains :

1° Constitutions et lois, procès-verbaux, etc. :

a) Constitutions américaines en anglais, traductions françaises :

Constitutions des treize Etats-Unis de l'Amérique. Philadelphie et Paris, J.-D. Pierres, 1783, in-4°, traduction par la Rochefoucauld.

— Réimpression dans les sections de *l'Encyclopédie méthodique* sur *Economie, politique et diplomatique* publiée par Démeunier de 1784 à 1788.

— Nouvelle édition par le duc de la Rochefoucauld. Paris, 1792, 2 vol. in-8°.

Recherches historiques et politiques sur les Etats-Unis de l'Amérique septentrionale, éd. Mazzei. Paris, Froullé, 1788, 4 vol. in-8°.

b) Constitutions et lois françaises et débats :

Duguit (L.) et Monnier (H.). — *Les Constitutions et les principales lois politiques de la France depuis 1789.* Paris, F. Pichon et Durand, 1925, in-18°.

Archenholtz (von J. W.). — *Die pariser Jacobiner in ihren Sitzungen. Ein Auszug aus ihren Tagebuch, veranstaltet und mit anmerkungen versehen.* Hamburg et Paris, Quantin, 1793, in-8°.

Buchez et Roux. — *Histoire parlementaire de la Révolution française.* Paris, Paulin, 1834-1838, 40 vol. in-8°.

Chassin (Ch.-L.). — *Les Élections et les Cahiers de Paris en 1789*. t. I-III. Paris, Quantin, 1888-1889, 3 vol. in-8°.

Aulard (A.). — Recueil de documents pour l'histoire des Jacobins, *La Société des Jacobins*. Paris, Jouaust, 1889-1897, 6 vol. in-8°.

2° Ouvrages de personnages contemporains :

a) Documents publiés :

Raynal (l'Abbé). — *Révolution de l'Amérique*. Londres, L. Davis, et La Haye, P. F. Gosse, 1781, in-8°. *The Revolution of America, by the Abbé Raynal* (trad. anglaise), Londres, L. Davis, 1781, in-8°.

Crèvecœur (J. Hector St.-John de). — *Letters from an American Farmer*. Londres, T. Davis, 1782 (nouv. éd., 1783), in-8°.

— *Lettres d'un cultivateur américain*. Paris, Cuchet, 1784, 2 vol. in-8° (trad. de l'anglais par l'auteur); éd. de 1787, 3 vol. in-8°.

Chastellux (Marquis de). — *Voyages dans l'Amérique septentrionale, 1780-1782*. Paris, Prault, 1786, 2 vol. in-8° *Travels, (1780-1782, trad. anglaise)*.

Hamilton, Madison, Jay. — *Le Fédéraliste*. Paris, Buisson, 1792, 2 vol. in-8° (trad. française de *The Federalist*. Philadelphie, 1789).

Paine (Thomas). — *Droits de l'homme*. Paris, Buisson, 1791-1792, in-8° (trad. française par François Soulès de *The Rights of Man*).

— *Le Sens commun*. Paris, Gueffier, 1791, in-8° (trad. française de *Common Sense*. Philadelphie, 1776, in-8°).

— *Lettres adressées à l'Abbé Raynal, sur les affaires de l'Amérique septentrionale, où l'on relève les erreurs dans lesquelles cet auteur est tombé en rendant compte de la Révolution d'Amérique*, trad., française. Philadelphie, 1783, in-8° (éd. anglaise. Philadelphie, 1782, in-8° et Londres, Ridgway, 1792, in-8°).

Dumont (E.-P.-L.). — *Souvenirs sur Mirabeau et sur les deux premières assemblées législatives*, ouvrage posthume publié par Duval (M.-J.-L.). Paris, Gosselin, 1832, in-8°.

Malouet (Pierre-Victor, baron). — *Mémoires*, publiés par son petit-fils le baron Malouet. Paris, Didier et Cⁱᵉ, 1868, 2 vol. in-8° (2ᵉ éd., 2 vol. in-8°, 1874, Plon).

Jefferson (Thomas). — *The Writings of*, éd. Ford (P.-L.). New-York, Putnam, 1893-1899, 10 vol. in-8° (*Œuvres*, trad. française).

Morris (Gouverneur). — *Journal* (pendant les années 1789, 1790, 1791, et 1792). Paris, Plon, 1901, 2 vol. in-8° (trad. de l'anglais par E. Pariset).

Le Moniteur, 1789-1799, réimpression. Paris, 1840 et suiv., 35 vol. in-4°.

a) Documents inédits :

Archives Nationales : Cahiers de procès-verbaux des séances de la Société des Colons réunis à l'hôtel Massiac, DXXV, 85-90.

III. Ouvrages et articles de revues sur Brissot, Condorcet et Mme Roland (on ne cite ici que les principaux).

A. — BRISSOT :

1° En français :

Aulard (A.). — *Brissot (J.-P.), sa politique et son éloquence*, dans *La Révolution française*. Paris, Charavay frères, juillet-décembre 1884, t. VII, p. 8 à 30 et 97-130.

Chapuisat (Ed.). — *Figures et choses d'autrefois*. Genève et Paris, G. Crès, 1920, in-8°.

Goetz-Bernstein. — *La Diplomatie de la Gironde, J.-P. Brissot*. Paris, Hachette, 1912, in-8°.

Perroud (Cl.). — *Brissot et les Roland*, dans *La Révolution française*, p. 403-422, mai 1898, n° XXXIV.

— *Un projet de Brissot pour une association agricole*, dans *La Révolution française*, mars 1902, n° XLII, p. 260-265.

— *Sur l'authenticité des Mémoires de Brissot*, dans *La Révolution française*, août 1904, n° XLII, p. 121-134.

2° En anglais :

Ellery (Eloïse). — *Brissot de Warville (J.-P.)*. Boston, Houghton Mifflin Co, 1915, in-8°.

B. — CONDORCET :

Alengry (Frank). — *Condorcet, guide de la Révolution française, théoricien du droit constitutionnel et précurseur de la science sociale*. Paris, Giard et E. Brière, 1904, in-8°.

Cahen (Léon). — *Condorcet et la Révolution française, thèse présentée pour le doctorat à la Faculté des Lettres de l'Université de Paris*. Paris, Félix Alcan, 1904, in-8°.

— *La Société des Amis des Noirs et Condorcet*, dans *La Révolution française*, juin 1906, t. L, p. 481-511.

Robinet (Dr J.-F.). — *Condorcet, sa vie, son œuvre (1743-1794)*. Paris, Librairies-Imprimeries, réunies, 1895, in-8°.

Sagnac (Ph.). — *Condorcet et son « Moniteur » de 1788* (sur un journal, attribué à Condorcet, relatif aux municipalités), dans la *Revue d'histoire moderne et contemporaine*, 1911, t. XV, p. 48-49.

C. — Mme ROLAND.

1° En français :

Chuquet (A). — *Buzot et Madame Roland* dans *Etudes d'histoires,* 4e série. Paris, Fontemoing, 1911, in-16°.
Clemenceau-Jacquemaire (Madeleine). — *Madame Roland.* Paris, Plon, 1926, in-8°.

2° En anglais :

Becker (Carl.). — *The Memoirs and Letters of Madame Roland,* dans *American Historical Review,* juillet 1928.
Dobson (A.). — *Four Frenchwomen.* New-York, Dodd, 1890, in-16°.
Pope-Hennessy (U.). — *Madame Roland,* New-York, Dodd, 1918, in-8°.
Tarbell (Ida). — *Madame Roland, a biographical study.* Londres, Lawrence et Bullen, 1896, in-8°.
Taylor (T. A.). — *Life of Madame Roland.* Londres, Hutchinson, 1911, in-8°.

IV. Ouvrages et articles de revue spéciaux.

1° En français :

Aulard (A.). — *Histoire politique de la Révolution française.* 2e édition. Paris, Colin, 1903, in-8°.
  — *L'éloquence parlementaire pendant la Révolution. Les orateurs de la Législative et de la Convention.* Paris, Hachette 1885-1886, 2 vol. in-8°.
Borgeaud (Charles). — *Etablissement et revision des constitutions en Amérique et en Europe.* Paris, Thorin, 1893, in-8°.
Chinard (G.). — *Jefferson et les Idéologues.* Paris, Presses universitaires, 1925, in-8°.
Conway (Moncure D.). — *Thomas Paine et la Révolution dans les deux mondes* (trad. de l'anglais). Paris, Plon, 1900, in-8°.
Cooper (A.). — *L'attitude de la France à l'égard de l'esclavage pendant la Révolution française,* thèse de doctorat d'Université. Paris, 1925.

Didier (L.). — *Le citoyen Genêt*, dans la *Revue des questions historiques*, t. XCII, juillet 1912, p. 62-90, et t. XCIII, janvier-avril 1913, p. 5-25 et 423-449.

Esmein (A.). — *Gouverneur Morris, un témoin américain de la Révolution française*. Paris, Hachette, 1906, in-12°.

Faÿ (Bernard). — *L'Esprit révolutionnaire en France et aux Etats-Unis à la fin du XVIII° siècle*, thèse pour le doctorat ès lettres, présentée à la Faculté des Lettres. Paris, Champion, 1924, in-8°.

Frayssinet (Marc). — *Les idées politiques des Girondins*, thèse pour le doctorat en droit. Toulouse, 1903, in-8°.

Mantoux (Paul). — *Le Comité de Salut public et Genêt*, dans la *Revue d'histoire moderne et contemporaine*. Paris, Edouard Cornély et Cⁱᵉ, 1909-1910, t. XIII, p. 5-35.

Masson (F.). — *Le département des Affaires étrangères pendant la Révolution*. Paris, Plon, 1877, in-8°.

Ostrogorski (M.). — *La Démocratie et l'organisation des partis politiques*, t. I, *Les Etats-Unis*. Paris, C. Lévy, 1903, 2 vol. in-8°. Nouv. éd., 1912, in-8°.

Sagnac (Ph.). — *L'influence américaine sur la Révolution française*, dans la *Revue des Etudes napoléoniennes*, janvier et février 1924.

— *La Révolution, 1789-1792*, dans l'*Histoire de France contemporaine* (Lavisse), t. I. Hachette, 1920, in-8°.

Ternaux-Mortimer. — *Histoire de la Terreur*. Paris, Lévy, 1862-1881, 8 vol. in-8°.

Tocqueville (Alexis de). — *La Démocratie aux Etats-Unis*. Paris, Gosselin, 1835, 2 vol. in-8°.

Torrès-Caicede (J.-M.). — *Les principes de 1789 en Amérique*. Paris, Dentu, 1865, in-8°.

Instructions à Genêt, décembre 1792, dans la *Correspondance des ministres français aux Etats-Unis*, 1791-1797, éd. par Frédéric J. Turner, dans *Annual Report of the Am. Hist. Ass'n*, 1903, t. II, p. 201-207.

4° En anglais :

Bourne (H. E.). *The Revolutionary Period in Europe*, 1763-1815. Londres, G. Bell et fils, 1915, in-8°.

— *American Constitutional Precedents in the French National Assembly*, dans *American Historical Review*, avril 1903, t. VIII, p 466-486.

Clark (George Rogers). — *George Rogers Clark to Genêt*, 1794, dans *American Historical Review*, juillet 1913, t. XVIII, p. 780-783. *Intro-*

ductory note by Edmund C. Burnett concerning the proposed French
expedition against Louisiana in 1793-1794.

Gorman (Thomas K.). — *America and Belgium : A study of the*
Influence of the United States upon the Belgian Revolution of
1789-1790. Londres, Fisher Unwin, 1925, in-8°.

Hazen (C. D.). — *Contemporary American opinion of the French*
Revolution. Baltimore, Presses John Hopkins, 1897, in-8°.

Turner (F. J.). — *Documents on the relation of France to Louisiana,*
1792-1795, dans *American Historical Review,* avril 1898,
t. III, p. 490-516.

— *The Origin of Genêt's Projected Attack on Louisiana and the*
Floridas, dans *American Historical Review,* juillet 1898, t. III,
p. 650-671.

V. Histoires générales de la Révolution française.

1° Pour la période révolutionnaire en Amérique, nous avons
consulté les histoires qui se trouvent dans les collections de
Bibliographie et les revues telles que :

Channing, Hart et Turner. — *Guide to the Reading and Study of*
American History, 1912.

Griffin (Grace Gardner). — *Writings on American History,* 1906 au
temps présent.

American Historical Review.

Annual Reports of the American Historical Association.

2° Pour la période révolutionnaire en France, nous avons
consulté entre autres :

Caron (P.). — *Manuel pratique pour l'étude de la Révolution française.*
Manuels de Bibliographie historique, Paris, Picard, 1912, in-8°.

Catalogue de l'histoire de France, Bibliothèque Nationale, Firmin-
Didot, 1855 et suivantes, 12 vol. in-4°.

Catalogue de la bibliothèque de la Ville de Paris, 1855 et suivantes.

Tourneux (M.). — *Bibliographie de l'Histoire de Paris pendant la*
Révolution française, 1890-1906, 5 vol. in-4°.

Annales historiques de la Révolution française.

La Révolution française.

Revue d'histoire moderne et contemporaine.

Revue des questions historiques.

INDEX [1]

—

___

(1) Cet index ne comprend ni les noms des personnes ni ceux des lieux sur lesquels notre ouvrage ne fournit aucun renseignement. — n. = note.

TABLE DES MATIÈRES

CHAPITRE III

Souveraineté nationale. — Politique démocratique et républicaine de Brissot, de Condorcet et de Mme Roland.

CHAPITRE IV

Souveraineté nationale (*suite*). — **Ratification, modification et application de la Constitution.**

CHAPITRE V

Les principes démocratiques appliqués à l'Administration municipale.

CHAPITRE VI

Propagation des principes de la révolution à l'étranger.

33631 — Imp. A. Maretheux et L. Pactat, 1, rue Cassette, Paris. — 1930.